슬픈궁예

이재범

1951년 전라남도 곡성에서 태어났다.

중동고등학교를 거쳐 성균관대학교에서 학·석·박사(한국사)학위를 받았다.

한국정신문화연구원 백과사전편찬부 부편수원, 러시아 국립 극동대학교 교환교수와 성균관대·강원대·서울여대 등 강사를 역임했다.

현재 경기도 문화재위원(현상변경분과 위원장), 수선사학회 회장, 경기대학교 인문대학 사학과 교수로 재직 중이다.

주요저서

공저로는 『궁예의 나라, 태봉』,『몽골의 고려·일본 침공과 한일관계』,『고려 실용외교의 중심, 서희』,『안성 칠장사와 혜소국사 정현』,『한반도의 외국군 주둔사』,『왜구토벌사』 등이 있으며, 단독 저서로『후삼국시대 궁예정권 연구』,『나의 그리스 여행』,『고려건국기 사회동향연구』(2011년도 대한민국 학술원 우수 학술도서) 외 궁예와 후삼국에 관련된 다수의 논문이 있다.

슬픈 궁예

초판 1쇄 인쇄 2011년 11월 11일
초판 1쇄 발행 2011년 11월 21일

지 은 이 이재범
펴 낸 이 한정희
펴 낸 곳 역사인

등   록 제313-2010-60호(2010년 2월 24일)
주   소 서울시 마포구 마포동 324-3 경인빌딩 4층
전   화 02-718-4831
팩   스 02-703-9711
이 메 일 kyunginp@chol.com
홈페이지 http://www.kyunginp.co.kr
가   격 15,000원
I S B N 978-89-967243-0-8   03900

슬픈궁예

이재범 지음

역사인

수정판을 내면서

이런 영광을 누릴 줄은 상상도 못했다. 내가 쓴 글이 재판을 하게 된다는 사실이 믿기지 않는다. 술이나 마시고 놀기 좋아하는 나에게 슬픈 궁예의 재판을 권유한 사람도 있다니. 그래서 우선 경인문화사의 한정희 사장과 신학태 부장께 감사의 말씀을 드린다.

2000년 8월, 슬픈 궁예가 출간되고 나서 나에게는 많은 행운이 따랐다. 책의 판매 부수가 만만치 않아서 유흥(?)을 즐길만큼의 경제적 여유가 생겼다. 그러나 그것보다 더 즐거웠던 것은 오랜 기간 안부를 몰랐던 많은 사람들이 소식을 전해 온 것이었다. '자고 나니 유명해졌다'라는 정도의 감동은 아니었지만, 많은 사람들과의 만남이 나를 더 여유롭게 해 주었다. 만남의 소중함을 일깨워 주었다. 그러고 보니 슬픈 궁예도 내가 궁예를 만나러 가는 길이었음을 뒤늦게나마 깨닫게 되는 계기가 되었다.

슬픈 궁예에 대하여 여러 분들이 보여준 관심이 컸던 것 같다. 대부분 궁예를 새롭게 해석하고자 하는 것에 대하여 격려의 말씀이 많았다. 그러나 한편 당시에 방영되었던 KBS 드라마 태조 왕건의 인기에 편승하고자 급조된 소설도 역사물도 아닌 상업성 대중물이라고 평가한 네티즌도 있었다. 그러나 이러한 모든 평가가 슬픈 궁예를 보았다는 증거라서 나는 그저 즐겁기만 하였다. 그 가운데서 너무나도 과분한 평가가 나왔다. 레이디 경향 2003년 12월호에 이러한 글이 실린 것이다.

> 김대중 도서관 ― 1층 열람실에 들어서면 눈앞에 펼쳐진 엄청난 양의 서적들로 인해 감탄사가 절로 나온다. 이 중에는 낡고 헤어져 누렇게 색이 바랜 책도 쉽게 눈에 띈다. '마음에 드는 책은 몇 번이고 읽는다'는 김 전 대통령의 오래된 습관 덕분이다. 이곳 도서관에 기증된 책들 중에서 새 책의 모양을 한 것은 하나도 없다. 그 중에서도 알렉스 헤일리의 '뿌리' 앙드레 지드의 '좁은 문' 이재범 경기대 교수의 '슬픈 궁예' 등은 유난히 낡은 책이다.

그래서 이 글을 나의 옆 연구실에 있는 박지훈 교수에게 보였다. 그러자 박 교수가 반쯤은 비아냥대는 듯한 표정으로 '노벨상수상자들과 함께'하고 있는 분과 곁에 있어서 자신이 흐뭇하다고 한다. 그래서 다시 보니 김대중 전 대통령은 노벨 평화상, 앙드레 지드는 노벨 문학상, 알렉스 헤일리는 퓰리처상 수상자들이 아닌가? 그래서 그 비아냥이 싫지 않아 나도 깔깔 웃고 말았다.

처음 슬픈 궁예의 재판은 증보판으로 계획하였다. 궁예와 관련 있는 지역을 답사하여 기행문 형식의 글을 만들고, 거기에 사진과 함께 상당한 양의 내용을 더하자는 것이었다. 그러나 출판 담당자가 초판을 꼼꼼히 읽고 내린 결론은 달랐다. 초판이 구성이나 윤문 등이 잘 되어 있으므로 아주 부분적인 내용만 수정 보완하고 그대로 출판하자는 것이었다. 이러한 결정을 내린다는 것이 쉽지는 않을 텐데 말이다. 나는 그저 출판을 맡아 준 경인문화사와 정성을 다해서 초판을 간행해 주었던 푸른 역사에 모두 감사할 따름이다.

내용이 거의 바뀌지는 않았다고 하여도 한 권의 책을 간행한다는 것이 말처럼 쉬운 것은 아니다. 편집을 다시 하고, 사진을 교체하였다. 약간의 소제목을 바꾸었다. 그 밖에 눈에 띄는 데로 보완을 하였다. 그렇지만 내용은 초판과 전혀 다르지 않다. 사진은 철원역사문화연구소의 김영규 소장과 국사편찬위원회 장득진 선생의 도움으로 생생함을 더할 수 있었다. 신라사학회 김창겸 회장은 재판이라는 쑥스러운 작업을 하는 나에게 많은 조언과 격려를 아끼지 않았다. 그 밖에 많은 분들의 도움을 얻었지만, 나열하자면 많은 지면이 필요하므로 감사의 말씀을 이렇게 전한다.

귀찮은 일을 맡아 주신 경인문화사의 편집진에게 다시 감사의 말씀을 올리며, 재판의 머리말로 대신하고자 한다.

2011년 11월
저자 이재범

궁예의
겉옷을 벗겨라

궁예와 나의 첫 만남은 어린 시절 읽었던 김동인의 소설 《甄萱》(김동인은 '진헌'이라 읽었다)을 통해서 이루어졌다. 소설 《진헌(甄萱)》에서 궁예는 신라의 왕족으로 출생하였으나, 소외된 삶을 살게 되면서 반항적이고 비정상적인 성격을 지니게 된 인물로 묘사되어 있었다. 그때의 그 강렬한 느낌으로 인해 오랜 시간 궁예라는 인물은 나에게 추함과 악함의 전형으로 남게 되었다. 그러나 한편으로 어려서부터 홀로 소외된 삶을 감내해야만 했던 그의 삶은 슬픈 모습으로 내 기억 속에 남아 있다.

1

그런데 그런 궁예가 어느 날 색다른 모습으로 다가왔다. 풀브라이트 한국재단에서 발행하는 《포럼(Forum)》이라는 잡지에 실린 〈좋은 놈, 나쁜 놈, 치사한 놈(The Good, the Bad, the Ugly)〉이라는 다소 통속적인 제목의 논문을 접하면서 궁예를 다시 평가해 볼 기회를 갖게 된 것이다. 이 제목을 통속적이라고 한 까닭은 우리나라에 〈석양의 무법자〉로 소개된 마카로니 서부영화의 제목과 같기 때문이다. 〈석양의 무법자〉는 서부의 세 건달을 주인공으로 내세운 영화였다. 좋은 놈 역은 클린트 이스트우드가, 나쁜 놈 역은 리 반 클립이 맡았다. 치사한 놈 역은 누구였는지 기억이 없다.

이 영화 제목을 빌린 듯한 논문에서 저자 허스트 3세는 후삼국시대의 왕건, 견훤, 궁예를 각각 좋은 놈, 나쁜 놈, 치사한 놈에 비유하였다. 그는 동양의 유가적 역사관이 도덕적 평가에 치우쳐 역사의 실상을 제대로 전하지 못한다고 비판하면서, 이런 권선징악적 평가에 대해서는 재고할 필요가 있다는 견해를 피력했다. 아울러 그는 한국의 전통적인 역사관이 여성의 역사적 기능을 깎아내리고, 지나치게 이긴 자 중심으로 서술한다는 점도 지적했다. 그 전자의 예로는 진성여왕의 실정을 지적했고, 후자의 예로는 바로 왕건을 '좋은 놈'으로 만들기 위해 궁예와 견훤을 죽이는 역사서술이라는 것이다. 그 점이 흥행을 위한 서부영화와 다를 것이 없다는 뜻이기도 했다.

그런데 나는 이 논문을 읽는 동안 한나라, 한민족의 전통적인 역사관을 오락영화에 비교했다는 점에서 조롱 당하고 있다는 생각이 들었다. 왕건·궁예·견훤에 대한 종래의 도덕적 평가에 대해서는 나 역시 마땅치 않게 생각한 부분이 있었기 때문에 허스트 3세의 견해에 공감한 바가 없지는 않았지만 그의 논문에 전적으로 동의할 수는 없었다.

나는 우리나라 역사에서 후삼국시대가 가장 역동적인 시대이며, 이 시기에 등장한 호족들은 '새 역사를 열고자 한 동반자적 관계에 있는 영웅들'이라고 생각해왔다. 그래서 이들 호족들의 대표주자격인 왕건 · 궁예 · 견훤은 중국의 조조 · 유비 · 손권이나, 일본 전국시대의 오다 노부나가 · 토요토미 히데요시 · 도쿠가와 이에야스 등에 비교될 만한 인물이라는 지론을 갖고 있었다. 그런데 이 인물들을 한 외국인이 마카로니 서부극의 건달 주인공과 같은 위치에서 평가했으니 언짢을 수밖에 없었던 것이다.

그러나 한편으로는 허스트 3세의 따끔한 지적으로 후삼국시대에 대한 기존의 내 견해를 되돌아볼 계기를 갖게 된 것도 사실이다. 그 동안 지나칠 정도로 고답적 사고에만 매달려오지 않았나 하는 자책과 함께, 때로 변화에 대한 기대보다 두려움이 앞서 새로운 상황이나 사물에 부딪쳤을 때 종래의 잣대로 가늠하여 관행적으로 넘겨버리곤 했던 데 대해 반성하게 된 것이다.

허스트 3세의 글을 접한 후 이러한 반성과 자괴감 속에서 궁예에 대해 나름대로 재해석해보고자 하는 욕구가 솟아났다. 그러나 의욕만으로 궁예를 재해석할 수는 없었다. 인물 연구 방법론에 대한 고민이 당연히 따랐다. 특히 궁예처럼 자료가 부족하고, 그 부족한 자료마저도 왜곡된 해석이 지배적인 인물을 어디서부터 뜯어보아야 하는가가 큰 문제였다.

그래서 궁리 끝에 채택한 것이 궁예 복원 작업이었다. 이미 왜곡되어 있는 인물에 대해 재평가부터 앞세운다면, 종래의 인식과 불필요한 마찰만 일으킬 것은 뻔했다. 이러한 소모적인 충돌을 피하기 위해서는 평가 이전에 궁예의 모습을 제대로 밝히는 것이 우선적인 작업이라고 생각했다. 그런데 지금까지 만들어진 궁예에 대한 선입견을 짧은 시간 내에 제대로 밝히는 일은 쉽지만은 않았다. 궁예가 죽은 후 1천 년 동안 후대인이 겹겹이 덧입힌 옷은 여간해서는 벗길 수가 없었다. 이런 이유로 망설이기도 했지만, 한꺼번에 모든 것을 밝히겠다는 욕심을 버리고 하나씩 차근차근 궁예에게 덧입혀진 옷들을 벗겨내겠다는 결론에 도달했다.

2

그 뒤로 나의 관심은 궁예에게 집중되었다. 먼저 궁예의 도읍지였던 철원을 답사하고 궁예와 관련된 자료들을 여기저기에서 모으기 시작했다. 그러다 보니 어느 자리에서나 나의 중심 화제는 궁예였다. 궁예에 대한 나의 관심은 더욱 깊어졌고, 마침내 궁예는 나에게 박사학위를 안겨준 주제로까지 발전했다. 그리고 내 나름대로 궁예의 밑그림을 겨우 그릴 수 있게 되었다는 자부심도 생겨났다.

그러나 내가 그린 밑그림이 별로 신통치 않아서인지 호의적인 반응을 얻지는 못하였던 것 같다. 어쩌다 들리는 촌평은 지나치게 궁예를 미화했다는 정도가 전부였다. 그 이면에는 사료의 지나친 확대 해석으로 신뢰하기 어렵다는 뜻도 담겨 있는 듯하다. 물론 나의 궁예관이 기존의 시각과 상당한 차이가 있다는 점은 인정한다. 그러나 이는 사료를 종전의 통설과 다른 시각에서 분석한 결과일 뿐, 없는 사실을 만들어 궁예를 미화시키지는 않았다. 물론 궁예가 왕건의 들러리로서가 아닌 자신의 정당한 몫을 돌려받은 인물로 자리매김되기를 바라는 마음에서 아전인수식의 해석이 있었을 수도 있다. 하나 나름대로 방증사료를 제시했으므로 지나치게 궁예를 미화했다는 표현은 올바르지 않은 것 같다.

그런데 마침 역사학계 일각에서 궁예를 재평가하려는 흐름이 형성되기 시작했다. 미치광이 취급만 받던 그가 젊었을 때는 도량이 큰 장수였다는 사실 등이 알려지기도 했고, 그의 뛰어난 전술·전략과 웅대한 도읍 건설의 의지에 관한 내용도 이야깃거리가 되었다. 나 역시 이러한 주변의 인식 변화에 자극을 받아 궁예에 대한 또 다른 자료나 해석에 대하여 관심의 폭을 더욱 넓혀갔다. 아울러 궁예가 살았던 후삼국 시대의 역사적 성격이 재검토되기 시작한 것도 그러한 흐름의 하나였다고 할 수 있다.

그러던 차에 푸른역사에서 궁예와의 만남을 주선해주었다. 내 마음껏 궁예를 그려보라는 것이었다. 이전에 내가 그린 궁예가 틀에 박힌 중세 성화나 불화 같은 모습이었다면, 이번에는 모딜리아니나 박생광도 좋으니 마음껏 궁예를 그려보라는 주문이었다. 힘든 것일수록 먼저 해치운다는 평소 생각대로 나는 쉽게 대답했다. 그러나 깊이 생각하고 많이 알리려고 했다. 내가 찾은 궁예를 내 식으로 읽어주기를 바라는 마음으로 글을 써내려갔다.

내 식의 궁예 읽기는 있는 그대로의 궁예 읽기이다. 미화해서도 안 되지만, 고의적으로 왜곡시켜서도 안 된다는 원칙을 세웠다. 그러나 궁

예가 험상궂은 애꾸눈 아저씨라는 선입견을 떨쳐내지 못하여 여러 차
례 원위치로 돌아가기도 했다. 하지만 궁예의 본모습을 찾겠다는 마음
으로, 선천적인 콤플렉스와 정신착란의 요소를 갖고 있던 범죄형 인간
이라는 해석도 다시 하려고 했고, 왕건을 미화하기 위하여 잘못 염색된
궁예 관련 자료들에 대한 탈색작업도 진행했다. 또한 궁예에 관한 전설
을 모으고 궁예와 관련이 있는 현장을 발로 찾아다니면서 얻은 결과를
모두 모았다. 여기에 내놓은 궁예는 이렇게 해서 다시 찾은 것이다.

그런데 언뜻 보아 나로서도 파격적이라고 할 수 있는 궁예에 대한
재해석이 독자들에게 오히려 혼란만을 초래하게 되지는 않을까 적이
염려된다. 그러나 이 시점에서 나는 기존의 관념은 도전없이 변화할 수
없음을 강조하고 싶었고, 그래서 '지천명'의 시기에 '약관'의 도전 같은
궁예 읽기를 시도했다. 필자 시각 중심의 궁예 읽기에 다소 무리한 해
석이 없을 수 없지만, 궁예와 후삼국시대 사람들을 이해하는 데 작은
보탬이 되기를 바라며 감히 이 글을 내놓는다. 그리고 철원의 인물인
궁예의 재평가를 위해 사진 자료를 제공해준 철원 군청과 철원문화원
에 깊은 감사를 드린다.

2000년 7월
저자 이재범

목 차

1

어떻게
읽어야 할 것인가?

쇠둘레 '철원'으로부터
시작하는 까닭

쇠둘레, 곧 철원은 두 눈으로 보기에도 넓고 큰 세상을 한 눈으로 볼 수밖에 없었던 궁예가 이상사회의 꿈을 펼쳤던 터전이다. 그래서 궁예의 이야기는 철원에서부터 시작된다. 다만 철원이라는 지명을 지금은 '鐵原'으로 표기하지만, 처음에는 '鐵圓'으로 표기했기 때문이라는 설이 있다. '鐵圓'은 문자 그대로 '쇠'와 '둘레'이기 때문에 쇠둘레가 되었다는 해석이다. 그러나 이 설명은 합당하지 않은 듯하다. 그보다는 '鐵圓'이라는 표기 자체가 그 이전에 불렸던 쇠둘레를 한자로 표기한 것이라고 보는 게 더 합리적이다.

쇠둘레의 어원은 철원이라는 명칭 이전에 쓰였던 '毛乙冬比'에서 찾는 것이 더 설득력이 있다. 언제부터인지는 알 수 없지만 '모을동비'는 '털두리'로 읽혔다고 한다. '모을'을 '털'로 읽는 것은 이두식 표기이다. '모'에서 '털'이라는 뜻을 취하고 '을'에서 'ㄹ'의 음을 취하여 '털'

● 금학산에서 본 철원평야

이 된 것이다. 이런 예는 사찰을 절이라고 부르게 된 유래에서 확인된다. 신라에 처음 불교가 전해질 때 아도화상이 '모례毛禮의 집'에 숨어 살았는데, 그 '모례의 집'이 우리말로는 '털례의 집'이었고, 그 '털'이 '덜'로 바뀌었다가 다시 '절'이 되었다는 설이다. 일본에서 사찰을 '테라[寺]'라고 하는 것 역시 '털례의 집'에서 연유되었다고 한다. 그렇다면 철원이라는 명칭도 '털두리'가 '철둘레'로 불리다가, 어느 때부터인가 '철원'이 된 것으로 생각해볼 수도 있다. 또 다른 연구자는 '鐵原'의 뜻이 쇠벌이므로 이를 '서라벌-쇠벌-서울'이라고 풀이하기도 한다. 그러나 '鐵原'은 '鐵圓'보다 훨씬 후대인 고려시대부터 사용되었으므로, 이 해석은 쇠둘레의 어원을 밝히는 것과는 무관하다. 지명의 어원은 그렇다 하고, 본래의 철원은 땅이 기름져 농사의 천국이라 할 만하다. 한해 풍년이 들면 7년을 먹고 산다는 옥토가 철원의 자랑거리인 것이다.

그래서 내륙의 수도로 적합해 궁예왕국 태봉뿐 아니라 고려 때 왜구 침입시 여러 번 이곳으로의 천도가 거론되기도 한다. 그러나 현재 우리나라의 행정 구역상 철원은 철원이 아니다. 엄밀히 말하면 본래의 철원은 사라졌다고 해야 옳을 것이다. 강원도 관할인 지금의 철원은 한국전쟁의 산물이다. 정확히 말하면 지금의 철원은 신철원이고, 본래의 철원은 비무장지대와 북한 땅에 속해 있다.

한탄강, 명성산, 한과 눈물의 고장 철원···

철원의 자연은 그곳에서 전개된 참혹한 전쟁의 역사를 비웃기라도 하듯 빼어난 풍치를 자랑한다. 철원의 젖줄이자 경기도 연천군과 포천군의 경계를 이루는 한탄강漢灘江은 맑은 물과 깎아지른 절벽, 그리고 울창한 수목으로 뛰어난 경관을 자랑한다. 한탄강은 본래 '한 여울' 곧 큰 여울이라는 뜻이다. 은하수처럼 넓고 길다고 하여 은하수 '한漢' 자와 계곡과 절벽을 휘돌아 흐르는 여울이라는 뜻의 여울 '탄灘'자가 어울려 한탄강이 되었다. 그러나 많은 사람들은 이 강을 슬픔의 강이라는 뜻의 '한탄강恨灘江'이라고도 한다. 후삼국시대 궁예가 자신의 부하 왕건에게 쫓겨 강을 건너가며 한탄했기 때문이기도 하며, 남북 분단의 아픔을 한탄하기 때문이기도 하다.

철원 하면 바로 연상되는 것이 철의 삼각지대로 대표되는 한국 전쟁이다. 그래서 철원의 역사는 다른 곳에 비해 좀 더 비극적이다. 그러나 그보다 더 비극적인 역사가 있다는 것을 아는 사람은 그다지 많지 않다. 더욱이 철원이 한 나라의 도읍으로서 15년 가까이 영화를 누렸던

● 고속정에서 바라본 한탄강

도시라는 사실을 아는 사람은 더더욱 많지 않을 것이다.

철원은 궁예가 도읍을 정하면서 번영을 누렸던 곳이다. 지금도 당시 영화를 증명하는 잔영이 남아 있다. 도읍으로의 면모를 짐작케하는 궁예의 도성터와 석등, 그리고 어수정御水井이 그것이다. 어수정은 철원군 북면 홍원리에 있는 우물 이름이다. 풍천원에 도읍을 정했지만 좋은 우물이 없어 걱정하던 궁예가 민정시찰을 하던 중 궁궐에서 멀지 않은 곳에 물 맛이 좋은 우물을 발견하여 이를 어수御水로 사용해 그렇게 이름 붙여졌다고 한다.

그러나 궁예의 패망을 알려주는 흔적들이 철원에는 더 많이 흩어져 있다. 궁예가 항전했던 최후의 격전지인 보개산성普蓋山成, 왕건과 힘겨운 싸움을 벌였다는 성동리성城東里城, 그리고 궁예가 왕건과 싸우다 달아났다고 해서 이름붙여진 패주敗走골이 그곳이다. 실제 보개산성에서는 지금도 신라 말 고려 초의 것으로 추정되는 기와조각 등이 출토되고 있다. 이외에 궁예의 군사가 한탄을 하며 명성산으로 쫓겨 갔다고 하여 '군사들의 한탄'이라는 뜻의 군탄리라는 지명도 있다.

이러한 여러 지명 가운데서도 궁예의 최후 은거지로 알려진 명성산鳴聲山은 궁예의 역사를 가장 잘 대변한다. 명성산의 다른 이름은 울음산인데 이는 궁예와 그 부하들이 왕건에게 쫓겨난 것이 서러워 슬피 통곡한 데서 유래했다고 한다. 또 궁예가 도망가다가 피신했던 곳이라고 전하는 개적(바위)봉굴, 궁예가 쫓겨가다 흐느껴 울었다고 하여 이름붙여진 느치골, 왕건에게 쫓기던 궁예가 한숨돌리고 잠깐 쉬어간 골짜기라고 하여 이름붙여진 한잔모텡이(골), 적정을 살피기 위하여 망원대를 세우고 봉화를 올렸다는 망봉과 치열한 전투를 벌였다는 야전골은 당시 궁예와 왕건의 전투가 얼마나 치열했는지 짐작케 한다.

그밖에 궁예가 왕건에게 쫓겨 명성산에서 먹실墨谷(갈말읍 정연리 묵곡동)쪽으로 넘어 평강 방면으로 도주할 때 이용했다는 왕재고개가 있는데, 여기서 왕재고개의 왕은 궁예를 뜻한다. 이외에 궁예가 사냥을 하다가 휴식을 취했다고 하여 이름 붙여진 계현, 갑옷을 벗고 달아났다는 갑천, 궁예가 왕건에게 항복문서를 바쳤다는 항서밭골 등도 궁예와 관련된 흔적들이다. 물론 이러한 이야기들 모두가 진실이 아닐 수도 있으며 어쩌면 후대에 궁예를 추억하며 붙여진 이름일 수도 있다. 그러나 중요한 것은 이 지명들을 통해 궁예가 지금까지도 살아 있다는 사실이다. 이미 다른 역사서에서는 사라져버리고 없는 이야기들이 입을 통해 전해져 지금에 이르고 있는 것이다.

그 외에 철원과 그 인근 지역인 포천·파주 등지에도 궁예와 관련된 유적과 유물들이 있다. 포천의 반월산성·파주의 금파리성 등은 모두 궁예의 전설을 간직하고 있다. 특히 금파리성에 있는 치마대馳馬臺는 궁예가 말을 달리며 병사들을 훈련시켰다는 곳이다. 이처럼 철원과 그 인근 지역에서 궁예는 역사서에 몇 줄로 치부되고 마는 전설 속의 인물이 아니라 살아 있는 현실이다. 이 지역에서 태어난 사람들은 궁예가 말을 달렸던 치마대에서 뛰며 자랐고, 그곳에서 궁예의 이야기를 듣고 추억하며 성장한 것이다. 그러나 쓰여진 역사 속의 궁예는 그들이 듣고 새겼던 궁예와는 다른 모습이었다.

운명은 패자로, 역사는 정신이상자로

궁예는 두 눈으로도 보기 어려운 세상을 한 눈으로 본 인물이었다.

그는 한 눈만으로도 두 눈을 가진 사람들이 꿈꾸지 못할 이상세계를 실현하려고 했다. 하지만 운명은 그를 패자로 만들었고, 역사는 그를 과대망상에 사로잡힌 잔인한 정신이상자로 서술했다.

그러나 나는 궁예를 보면서 희망을 갖는다. 그는 인간으로서의 영광과 실패를 모두 갖고 있는 인물이기 때문이다. 인류는 동서고금을 막론하고 유토피아 건설의 꿈을 키워왔지만, 진정한 유토피아를 완성한 적은 단 한 번도 없었다. 어쩌면 이룰 수 없었기에 유토피아에 대한 동경은 더 강렬했는지도 모른다. 궁예 역시 유토피아를 실현하려고 했던 사람 중 하나이다. 그리고 궁예는 자신이 생각한 이상세계에 상당히 근접했다고 믿었다. 그러나 결과적으로 그의 꿈은 무산되었다. 하지만 인간의 노력과 한계를 보여주었다는 점에서 궁예의 실패는 소중하다. 궁예는 우리에게 영원무궁한 유토피아의 실현이 현실적으로 얼마나 어려운지, 피안에의 도달이 얼마나 힘든지를 가르쳐준 것이다.

어쩌면 도피안사到彼岸寺가 철원에 있는 것도 그 때문일 수도 있다. 우연의 일치일까? 아니면 필연의 결과일까? 도피안사가 궁예의 도읍이었던 철원에 있는 것은……. 도피안사라는 명칭의 유래는 도선 때까지로 거슬러 올라간다. 도선이 '철조비로자나불상'을 봉안하려고 운반하던 도중 불상이 사라져버렸는데, 그 불상이 도착한 곳을 찾아보니 현재의 도피안사 자리였다고 한다. 도피안사의 이름은 그렇게 해서 지어졌다.

그런데 도피안사가 있는 철원은 현재의 시점에서는 그다지 복받은 곳이 아니다. 피안과는 거리가 먼 오히려 전쟁의 위험이 존재하는 불안한 곳이다. 화천 · 김화와 함께 이른바 '철의 삼각지대'로 불렸던 철원은 다른 지역보다 한국전쟁의 상흔을 더 많이 간직하고 있다. 문자 그

대로 아비규환을 재현한 격전지였다. 특히 백마고지에서는 양쪽 군대
의 치열한 공방전으로 10일 동안 고지의 주인공이 24번이나 바뀌었고,
백마고지에 쏟아진 포탄만 30만 발이나 된다고 한다. 그 때문에 이곳
은 폐허가 되었고, 백마고지라는 명칭도 얻게 되었다. 백마고지라는 이
름은 당시 전투가 끝난 뒤 어느 외신기자의 질문에 연대장이 '화이트
호스 힐(백마고지)'이라고 대답한 데서 유래하였다고 한다. 그 연대장은
집중포화로 인해 풀 한 포기 남지 않은 고지의 모습을 하얀 말이 누워
있는 모습에 비유했던 것이다. 백마고지에서 벌어진 치열한 공방전의
흔적은 미군들의 농지거리에서도 찾아볼 수 있다. 포격이 시작되기 전
에는 백마고지를 당시 풍만하기로 소문난 육체파 여배우 진 러셀의 이
름을 따서 부르다가, 전투 후에는 빈약한 몸매의 여배우 캐서린 헵번의
이름으로 바꿔불렀다고 하니, 백마고지를 둘러싸고 벌어진 공방전이

얼마나 치열했는지 짐작해볼 수 있다.

이처럼 철원은 피안이 아니라 잔인한 현실이 존재하는 차안이었으니. 도피안사는 도차안사라 해야 더 어울릴 것이다. 그런데 어쩌면 여기에 피안이 바로 차안이라는 역사의 진리가 담겨있는지도 모른다. 인간은 자신의 한계를 극복할 수는 있으나, 초월할 수는 없다는 의미에서 말이다. 그리고 어쩌면 궁예는 이 점에 있어서 선구적 인물인지도 모른다. 그가 그토록 추구했던 이상세계는 피안으로의 도피로 이루어질 수 있는 것이 아니라, 현실적인 문제를 극복함으로써 달성해야 하는 것이었다. 궁예와 철원의 도피안사는 그 아이러니와 교훈을 우리에게 전하고 있는지도 모르겠다. 쇠둘레, 철원에서부터 궁예 이야기를 시작한 이유가 바로 여기에 있다.

소설과 역사의
경계에서

궁예에 관한 이야기는 고려 전기에 간행된 《삼국사기》 〈궁예전〉에 처음 보인다. 여기에서 궁예는 부인에게 간통죄를 뒤집어씌워 그녀 소생의 두 아들까지 죽인 나쁜 왕으로 그려져 있다. 그리고 고려 후기에 지은 《제왕운기》에도 '포악하고 방자'한 왕으로 기록되어 《삼국사기》의 그것과 크게 다르지 않다. 조선이 개국된 뒤 편찬된 《고려사》는 고려의 건국과정을 서술하면서 궁예를 왕건의 전사前史로 기록하고 있는데 그 정도가 더욱 심각하다.

  그때에 궁예가 반역이라는 죄명을 억지로 만들어 죽인 자가 하루에도 백여 명에 이르러 장수나 정승으로서 해를 입은 자가 십중팔구였다. 궁예는 항상 스스로 말하기를 "나는 미륵관심법을 체득하여 부녀들의 음행까지도 알아낼 수 있다. 만일 나의 관심법에 걸리는 자가 있으면 곧 엄벌에 처하겠다"라고 했다. 그는 드디어 3척이나 되는 쇠방망이를 만들어놓고 죽이고 싶은 자가 있으면 곧 그것을 달구어 여자의 음부를 찔러 연기가 입과 코로 나오게 하여 죽였다. 이리하여 부녀들이 모두 벌벌 떨었으며 원망과 분한이 날로 심하여졌다.

일목대왕의 철퇴

이외에 궁예에 관해 기록된 고문헌은 일부 가문의 족보에 수록된 것을 제외하면 더 이상 없다. 궁예와 동시대 인물인 견훤의 이야기는 《삼국유사》에서 찾아볼 수 있으나, 궁예의 이야기는 나오지 않는다. 일연은 궁예가 고려를 세웠다는 사실만 연표에 간단히 기록해두었을 뿐이다. 그리고 나의 과문 탓인지 그 뒤 근대 소설의 주인공으로 등장하기 전까지는 궁예가 역사의 주인공으로 등장하는 것을 보지 못하였다.

근대에 들어 단재 신채호가 〈일목대왕의 철퇴〉라는 미완성 소설에서 궁예를 재조명하였고, 김동인은 《진헌》이라는 소설에서 부분적으로나마 궁예를 그렸다. 또 근래에는 유현종이 궁예를 주제로 하여 소설을 쓰기도 했다. 그밖에 왕건을 주인공으로 한 소설에도 왕건을 더욱 돋보이게 하기 위한 들러리로 궁예가 자주 등장한다. 그런데 흥미롭게도 소설 속의 궁예는 역사서에서 전하는 궁예의 이미지와는 다른 점이 많다. 치사한 국왕으로 그려진 예가 없는 것은 아니지만, 한편으로는 민심을 얻어 왕위에 오른 뛰어난 인물이라는 표현들도 가끔 보이는 것이다.

소설과 역사학계의 이러한 시각 차이는 어쩌면 당연한 것인지도 모른다. 소설은 자료가 없더라도 개연성에 입각해 그럴싸하게 풀어내면

설득력을 갖기 때문에, 소설가가 그린 역사 속 인물은 실제와 다를 수 있다. 그러나 소설과 달리 역사학은 실증이 미덕이다. 아무리 심증이 가더라도 물증이 없으면 인정받기 어렵다. 따라서 '소설적 허구'와 '역사적 상상력'은 뚜렷이 구분되어야 한다.

스스로 묘혈을 판 인물?

궁예에 대한 기존의 인식은 신라 왕실에서 버림받은 데 대한 복수심으로 자신의 일생을 망친 사람 정도가 전부였다. 대표적으로 이병도 선생은 궁예를 성격이 포악하여 스스로 묘혈을 판 사람이라고 평하였다. 그 뒤 인간적 측면 뿐만 아니라 사회적 존재로서 궁예를 인식한 사람은 김철준 선생이다. 김철준 선생은 후삼국시대를 우리 역사상 자율적인 발전 가능성이 가장 컸던 시기라고 하면서, 이 시대를 이끈 사회적 주체세력의 하나로 궁예의 군도세력과 견훤의 군진세력을 뽑았다.

최근에는 궁예를 인간적인 측면에서만 고찰하려는 경향이 많이 사라졌다. 궁예에 대한 관심이 높아지면서 인간적인 측면에서의 오해도 상당 부분 해소되었다. 예컨대 궁예가 부인 강씨를 죽인 이유에 대해서도 궁예의 개인적 광기 때문으로 보기보다는 오히려 대호족세력인 부인 강씨 집안과 어떤 알력이 있었을 것으로 해석하는 식이다.

그러나 최근 궁예가 재조명되는 진짜 이유는 다른 데 있다. 그것은 궁예가 생존했던 시기인 후삼국시대가 역사적으로 부각되는 것과 축을 같이한다. 이 시기에 새롭게 역사적 실체로 등장한 호족에 대한 연구가 활발해지니 자연히 당시 지배세력에 대해서도 관심을 갖게 된 것이다. 이러한 경향으로 인해 궁예를 주제로 논문을 작성한 이들만 해도 10명 이상은 족히 될 정도이다.

이처럼 일부에서 후삼국시대와 인물을 해석하는 시각이 변화하고 있지만 한편에서는 여전히 전통적 견해를 고수하는 사람들도 적지 않다. 그 이유는 역시 자료의 빈곤에서 찾을 수밖에 없을 것 같다. 지독한 실증 중독에 걸린 우리 역사학계는 자료가 뒷받침되지 않으면 인정할 수 없는 것으로 여긴다. 그런 까닭에 궁예처럼 자료가 고의적으로 멸실된 듯한 인물들은 남아 있는 파편만 가지고 전체를 재생하다 보니 채워지지 않는 쪽이 나올 수밖에 없는데 사람들은 이를 신뢰하지 못하는 것이다. 그래서 그나마 남아 있는 것만으로 그림을 다시 그리다 보면 어쩔 수 없이 자료 중심으로 돌아가게 되고, 그러다 보니 궁예의 제대로 된 모습을 그렸다가도 자신도 모르게 다시 고쳐 쓰게 된다. 예컨대 그의 몰락 원인은 결국 신라 왕실에 대한 개인적인 원한을 극복하지 못하였기 때문이라는 기존의 통설로 다시 돌아가게 되고 마는 것이다.

왜곡의 극치, 정사 속의 궁예

그런 점에서 볼 때 제대로 된 궁예 찾기의 가장 큰 어려움은 관련 자료가 고의적으로 인멸 또는 변조되었다는 데 있다. 그러한 예로는 궁예의 측근 참모였던 허월許越이 대표적이다. 그는 명주 호족 김순식金順式의 아버지로서 나중에 김순식으로 하여금 왕건에게 귀부하도록 한 인물이다. 김순식은 고려와 후백제의 마지막 승부인 일리천 전투 때 기병 2만을 거느리고 참전하여 왕건이 후삼국을 통일하는 데 결정적인 역할을 하였다. 이 수훈으로 본래 성은 김씨였는데 왕씨를 하사받기도 했다. 어떻게 보면 허월은 궁예보다도 왕건에게 더 큰 힘이 된 인물로도 볼 수 있다. 또 허월은 비단 승려로서만이 아니라 현실적인 실력에서도 무시 못할 인물이었음에 틀림없다. 궁예의 측근이라고 하여 왕건이 정권을 장악하자마자 곧바로 처단된 종간, 은부도 마찬가지 예이다. 만약 궁예 정권이 계속됐다면 그들은 꽤 중요한 인물로 〈열전〉에 등재되었을 것이다. 그러나 허월에 관한 기록은 찾아볼 수 없다. 한편 왕건에게 반역한 인물들은 〈반역열전〉에 수록해 두었다. 그러므로 〈열전〉에 등재된 인물은 왕건에게 의탁하였거나 확실하게 반역한 자들 뿐이다.

이처럼 궁예 주변의 인물들은 어디론가 사라져버렸다. 이런 사정으로 볼 때 그나마 남은 궁예에 관한 자료들이 제대로 기록되었을 것이라고 믿기는 매우 어렵다. 고의적인 변조나 악의적인 묘사가 자행된 흔적도 많이 나타난다. 자주 인용되는《고려사》의 내용 가운데 한 부분을 살펴보자.

그(궁예)는 드디어 척이나 되는 쇠방망이를 만들어 놓고, 죽이고 싶은 자가 있으면 곧 그것을 달구어 여자의 음부를 찔러 연기가 입과 코로 나오게 하여 죽였다. 이리하여 부녀들이 모두 벌벌 떨었으며 원망과 분한이 날로 심하여졌다.

위 글은 궁예의 잔인함을 극단적으로 묘사하고 있다. 그런데 같은 사건을 기술한《삼국사기》의 내용은 이런 기록과 거리가 있다.

(부인) 강씨가 "어찌 그런 일이 있으리요" 하였다. 왕이 "내가 신통력으

로 보아 안다" 하고 무쇠방망이를 열화에 달구어 그 음부를 쳐서 죽이고, 두 아들까지 죽였다. 그 후로는 의심이 많고 화를 잘 내니, 여러 보좌관과 장수 · 관리로부터 아래로 평민에 이르기까지 죄 없이 주륙되는 자가 자주 있으며, 부양 · 철원 일대의 사람들이 그 해독에 견디지 못하였다.

좀 더 자세히 《삼국사기》와 《고려사》의 내용을 비교해보자. 《삼국사기》에서는 부인 강씨만을 무쇠방망이로 쳐서 죽였다고 하였는데 《고려사》에서는 불특정 다수의 부녀자를 죽였다고 하였다. 그리고 《고려사》는 무쇠방망이가 3척이나 된다고 과장하여 서술하고 있다. 또 《삼국사기》에서는 음부를 쳐서 죽였다고 한 데 비해 《고려사》에서는 음부를 찔러 연기가 입과 코로 나오게 하여 죽였다고 묘사하고 있다. 이처럼 얼른 눈에 띄는 부분만 비교하여도 과장과 변조가 지나침을 알 수 있다.

이처럼 과장과 변조가 심한 궁예 관련 자료에서 제대로 된 사실을 추출하기란 쉽지 않다. 그렇다고 하여 현장에서 수집한 자료를 무턱대고 그대로 믿을 수도 없다. 현장에서의 자료는 대부분 구전하는 것이 많기 때문에 시간이 흐르면서 사실의 본질이 바뀌는 경우도 있기 때문이다. 포천에 있는 태봉산의 예가 그렇다. 이 산은 조선시대 왕의 태를 묻었다고 하여 태봉산이라 하는데, 이 일대 사람들 중에는 이 산이 궁예의 태봉에서 유래한다고 믿는 이들이 적지 않다.

하지만 그렇다고 해도 현장자료가 많다면 문제는 달라진다. 취사선택의 여지가 많을수록 좋은 자료를 얻을 기회는 많아지고 사실에 대한 접근이 용이해지기 때문이다. 그러나 궁예의 경우는 현장자료조차 극히 제한되어 있을 뿐만 아니라 휴전선 이북 지역에 있는 것은 확인해볼 수도 없다. 심지어 궁예 도성은 비무장지대 안에 있고 그 부근에 살던 주민들은 한국전쟁 이후 모두 흩어졌으며, 그나마 생존자들도 고령으로 기억이 희미하다. 이렇듯 현장 자료도 우리 주변에서 점차 사라지고 있으니 궁예 찾기의 어려움은 더 클 수밖에 없다.

단재가 못다 그린
일목대왕의 철퇴

궁예의 삶을 살펴보기 전에 궁예에게 관심을 가졌던 또 다른 사람들의 이야기를 먼저 살펴보도록 하자. 궁예에게 관심을 가진 이는 여럿 있지만 여기서는 특별히 단재 신채호(1880~1936)가 그린 궁예를 소개하고자 한다. 이는 단재가 기존의 상식과 다른 시각에서 매우 흥미롭게 궁예를 묘사했기 때문이다.

단재는 자신의 일생을 애국심으로 채운 인물이다. 단재는 그 애국심을 역사에 토로하고 거기서 못다 한 말은 시와 소설로 풀었다. 〈한나라 생각〉이라는 시도 그렇게 해서 나온 것이다.

나는 네 사랑

너는 내 사랑

두 사랑 사이 칼로써 베면

고우나 고운 핏덩이가

줄줄줄 흘러 내려오리니

한 주먹 덥석 그 피를 쥐어

한나라 땅에 고루 뿌리리

떨어지는 곳마다 꽃이 피어서

봄맞이 하리

애국심이 피처럼 뚝뚝 떨어진다.

이런 단재가 소설을 남겼는데, 《단재 신채호 전집》에 수록되어 있는 소설 12편이 모두 역사소설이라는 점에서 특이하다. 자신의 역사관을 거침없이 토로하던 단재가 무엇이 아쉬워 역사를 소설로 썼을까? 소설의 허구성을 빌려서까지 말하고 싶었던 단재의 뜻은 무엇이었을까?

단재가 역사소설의 주인공으로 내세운 인물들은 대체로 정치·사회적으로 소외된 인간형이다. 단재는 그 주인공들을 통하여 자신이 생각하는 정치적 모순과 사회적 지향을 피력하고 있다. 단재가 궁예를 주인공으로 하여 쓴 소설의 제목은 〈일목대왕의 철퇴〉이다. 눈치 빠른 사람은 소설 제목에서 궁예가 주인공임을 쉽게 알 수 있을 것이다. 궁예가 애꾸눈이라는 사실을 연상한다면 말이다. 과연 단재는 궁예를 통해 어떤 말을 하고 싶었을까? 자신이 처한 암울한 일제 강점 하의 현실을 뒤바꿀 실천성을 지닌 이상형의 인물로 궁예를 점찍었던 것은 아닐까? 단재는 궁예의 입을 통해 자신이 처했던 시대적 상황을 다음과 같이 말하고 있다.

(궁예는) 항상 하는 말이 "이 세계를 지옥이라 하면 이 지옥을 파괴하여

야 할 것이다. 한데 석가는 이 지옥을 파괴하지 못했다. 석가더러 물으면 제가 지옥을 파괴하였노라 하지만, 나는 그 말을 믿지 안 한다. 믿지 않을 뿐 아니라 나는 곧 그 입을 찢으려 한다. 수리개 등에 채여 가는 병아리가 수리개를 찾아가노라 하며, 이 세계의 지옥 안에서 나서 늙어서 병들어서 죽은 석가가 이 지옥을 파괴하였노라 함이 똑같은 것은 거짓말이다. 한데 사람들이 석가의 말을 믿음은 수리개 등의 병아리를 믿음과 똑같은 일이다. 어느 때든지 참으로 이 세계를 파괴하여 천당을 만드는 사람이 나거든 우리가 그에게 절함이 가하니라" 하며, 또 공자를 미워하여 "공자의 이른바 중용은 곧 팔팔 끓는 뜨거운 물도 못 쓴다 함이요, 얼음같이 찬 물도 못 쓴다 함이니, 그러면 미지근한 물밖에 쓸 것이 없을 것이다. 사람이 미지근한 물같이 되면 이 세계는 무엇이 되랴! 생기도 없이, 욕망도 없이, 걸어다니는 산송장이 되고 말 것이다" 하더라.

궁예의 입을 빌린 신채호의 참뜻

단재가 그린 궁예는 통설처럼 도덕적으로 타락한 군왕이 아니다. 또한 단재는 궁예 부부의 금실이 매우 좋았던 것으로 그리고 있다. 부인의 말을 경청하여 정사를 보는 데 활용하고, 자신의 부인을 석가의 부인 '아유타'에 비교하여 부를 정도로 사랑했다고 묘사하여 전혀 다른 궁예의 이미지를 만들어내고 있다.

비단 부부관계 뿐만 아니라 사상적인 면에서도 단재가 그린 궁예는 궁예의 본래 모습이라기보다는 단재 자신의 뜻을 얹어놓은 듯한 인상을 준다. 조선이 사상적으로 하나가 되기를 염원했던 단재는 늘 왜 조선에 불교가 들어오면 '불교의 조선'이 되고, 유교가 들어오면 '유교의 조선'이 되는가를 자문했다. 그와 반대로 '조선의 불교'나 '조선의 유교'를 염원했던 단재는 궁예를 자신의 생각을 구현해줄 대행자로 생각했는지도 모른다.

　　이름은 궁예가 대왕이요 폐하요 상감이지만, 모든 백성은 석가나 공자의 공덕이나 찬송하고, 대왕이요, 폐하요, 상감인 궁예의 공덕은 모르니, 그러면 이 나라가 뉘 나라냐? 석가나 공자의 나라냐? 궁예의 나라냐? 석가와 공자의 세력이 이렇게 큰 것은 다름아니라 모두 그 경문 몇 권때문이다. 그런데 그 경문이 그리 대단하냐? 석가는 이 세상의 고통을 못 이기어 산으로 달아난 패전자인 까닭에 그 경문이 세상 사람을 권하여 이 세상을 잊고 극락세계란 딴 세계로 가자는 말이요, 공자는 벼슬을 얻으려고 세력가에 아첨하던 노예인 까닭에 그 경문이 이 세상을 권하여 백성들은 사대부에게 종 노릇을 잘하고 사대부들은 공경대신들에게 종 노릇을 잘하고 공경만 하는 시대가 오래되어 믿는 사람이 너무 많으니 이것이 걱정이다. 내가 간밤에 성안을 돌아보고는 석가와 공자의 세력이 내 세력보다 몇백 천 갑절이나 더 큰 줄은 알았다. 내가 기어이 경문을 지어 세상에 반포하고 석가나 공자의 경문을 폐지하려 한다.

단재는 궁예를 통해 불교나 유교 등 외래종교와 사상 및 신분제 등 역사적 잔재들을 청산하려는 자신의 견해를 개진하고 있으며, 나아가 궁예를 새로운 세계를 창출하고자 했던 혁명가로 묘사하고 있다. 단재는 궁예를 통하여 자신의 이상을 다음과 같이 말하고 있다.

글을 만들자면 범서나 한자나 거란자에 참고하여 만들 것이나, 윤리
와 도덕의 조목은 남의 것으로 만드는 것이 아니라, 우리의 풍속과 습관
에 맞추어 선과 악의 표준을 세워 학리로써 설명할 뿐이다. 우리 부모가
나를 날 때에 천신이 공중에서 "이 세상을 위하여 미리를 내리어 보내니
그리 알라"고 외웠단다. "과거의 부처는 아미타불이요, 현재의 부처는 석
가여래요, 미래의 부처는 미리라"고 불경에 쓰인 말이 있지 아니하냐? 그
러면 나는 하늘이 보낸 '미리'니, 조선뿐 아니라 장래 온세계가 나의 덕화
안으로 들어올 것이다.

(중략)

내가 조선을 없애려 함이 아니라 곧 단군 · 고주몽 · 박혁거세 · 부여
온조 · 진흥대왕 · 남랑 · 술랑 모든 조선의 성인이 하여 온 것을 더욱 발
휘하여 온 세계에 펴려 함이다.

단재는 궁예를 조선의 전통사상과 역사의식으로 무장된 조선의 왕
만이 아닌 세계의 왕으로 만들고 싶어했다. 그리하여 궁예를 미래의 희
망인 미륵으로 만들고, 그가 백성들로 하여금 불교와 유교를 믿지 못하
도록 강요하고 스스로 만든 문자 28자로 지은 〈궁예대왕경〉을 따르도
록 한 것으로 그리고 있다.

이처럼 단재가 그린 궁예의 역사는 《삼국사기》나 《고려사》를 고집하
는 문헌사학의 입장과는 크게 다르다. 단재가 궁예의 전기를 소설로 쓸
수밖에 없었던 이유도, 그가 생각하는 궁예의 진면목과 정사 기록의 차
이가 너무 컸기 때문인 것 같다. 그래서인지 단재는 정사의 사료를 부
분적으로 인용하고는 있으나 창작에 가까울 만큼 과감하게 이야기를
이끌고 나간다. 궁예의 출신 문제에 관해서도 신라의 왕실 출신이라

는《삼국사기》의 기록을 따르면서, 한편으로는 그의 원조는 송악군 궁가라 하여 고구려계와 연결시키고 있다. 곧 궁예가 장보고(장보고의 본래 이름은 궁복弓福)와 종씨인 궁씨라는 것이다. 궁씨는 곰씨이며, 곰씨는 가오리(고구려)의 후손이라고 하니, 단재에 따르면 궁예는 신라 왕실의 후예가 아니라 고구려의 후손이 된다.

단재와 궁예, 미완성의 혁명

궁예의 출신이 어떻든, 단재는 이처럼 정사와는 사뭇 다른 궁예의 세계를 펼쳐 보였다. 우리 역사상 가장 자존심 강했던 한 시대의 모습을 궁예를 통하여 그리려고 했던 것이다. 그러나 아쉽게도 이 소설은 궁예가 기훤에게 투탁하는 과정에서 끝나고 만다. 궁예의 역사가 왕건에 의해 단절된 채 미완성으로 끝났듯이, 단재의 소설 〈일목대왕의 철퇴〉도 미완성으로 남아 있다. 정사에 수록된 소략한 기사들만으로 영웅 궁예를 그리는 것은 단재의 성에 안 찼던 것일까?

그래서인지 단재가 그린 궁예는 지나치게 주관적이어서 소설 주인공 이상의 의미는 갖지 못한다. 사료에 의존하여 궁예를 그리기보다는 궁예를 그려놓고 거기에다 사료를 꿰맞춘 감이 없지 않다. 궁예가 자신이 지은 〈궁예대왕경〉을 따르지 않는다고 하여 죽인 사람이 5백~6백 명이라는 출처를 알 수 없는 숫자를 제시하기도 하고, 전래 민담을 자기 방식대로 해석하여 수록하기도 했다. 그러나 무엇보다도 〈일목대왕의 철퇴〉의 한계는 궁예의 사상적인 부분을 강조하기 위해 다른 부분들은 거의 그리지 않았다는 데 있다. 궁예를 제대로 해석하기보다는 그의 사상만 강조한 경향이 크다. 물론 미완성이므로 단재가 하고 싶었던 더 많은 이야기에 대해서는 알 길이 없으며, 궁예에 대한 단재의 생각이 어떠했는지 정확히 끄집어낼 수는 없다.

소설에서 심하게 왜곡되었다고는 하여도 궁예가 실존 인물임에는 틀림없다. 궁예와 같은 실존 인물이 소설화될 때는 저자의 성향이나 의도에 따라 성격이 바뀔 수도 있기 때문에, 역사소설에서는 인간형의 설정이 중요하고, 설정된 인간형은 자료에 충실히 입각하여 고증을 거쳐야 한다. 그런데 〈일목대왕의 철퇴〉에서 단재는 그 점을 극복하지 못했다. 사료로 뒷받침해야 할 부분에서 상상력을 앞세운 것이다. 결국 단재는 소설의 한계를 벗어나지 못했다. 더욱이 소설을 완성하지 못했기에 아쉬움은 더 크다.

단재가 그리고자 했던 미완성의 궁예, 그가 진실로 이루고자 했던 쇠둘레에서의 꿈은 무엇이었을까? 역사기록에 감추어진 궁예의 포부와 단재가 밝히고자 했던 '일목대왕'의 역사적 실체는 과연 부합되는 것이었을까? 비록 소설이라고는 하여도 단재는 궁예를 시대에 편승하여 일시적으로 권력을 희롱하는 치사한 불만세력으로 그리지 않았다. 이상을 실현하기 위하여 새 시대를 열고자 했던 당당한 전제적 군왕으로 묘사했고, 또한 외래사상에 물든 현실을 통탄하면서 전통신앙을 확립하고 이를 기반으로 통일된 나라를 건설하여 세계로 웅비하는 대제국의 주인이 되고자 했던 인물로 평가했다. '가장 민족적인 것이 가장 세계적'이라는 구호를 부르짖는 인물의 전형으로 못박았던 것이다. 이런 점에서 사료의 한계를 무시하면서까지 궁예를 재해석하여, 궁예에 대한 인식의 새로운 지평을 열려는 용기를 보였다는 점은 누구나 공감할 수밖에 없는 민족주의자 단재만의 고유한 역사해석이기도 하다.

2

서자 궁예, 수원승도 궁예, 호족 궁예

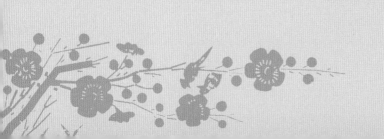

어린 궁예에 대한
세 가지 왜곡

모든 사람의 인생은 그 자체가 하나의 서사시다. 인생이라는 대서사시는 대개 그 사람의 출신이 어떠한가로부터 시작된다. 출신이 한 사람의 인생에 미치는 영향은 거의 절대적인데, 신분이 세습되었던 전근대사회에서는 그 영향이 더 컸다. 특히 신라에는 골품제라는 극단적인 신분 차별제가 있어서, 출신성분이 개인의 인생에 미치는 영향은 거의 절대적이라고 할 수 있었다. 신분에 따라 오를 수 있는 관직이 결정되는 것은 물론이고 사생활도 골품제 규정에 따랐다. 골품제는 심지어 의복, 수레, 그릇 및 방의 크기에 이르기까지 모든 분야에 걸쳐 적용되었다. 예를 들어 방의 크기에 대해 살펴보면 진골은 24척, 6두품은 21척, 5두품은 18척, 4두품에서 백성에 이르기까지는 15척을 넘지 못하게 규제하였고, 집을 짓는 데 소요되는 재료까지도 제한하였다.

이러한 골품제 아래서는 아무리 재주가 뛰어나도 신분으로 제한된

관직 이상은 오를 수 없었다. 신라 말의 3최로 일컬어지는 뛰어난 학자 최치원·최언위·최승우도 모두 6두품이었기에 오를 수 있는 관직이 제한되어 있었다. 이 때문에 이들은 결국 신라를 포기하고 후백제 또는 고려의 건국을 지지하고 협력하기에 이른다. 이보다 앞선 시대에도 의상은 진골 출신이었으므로 당 유학을 다녀온 후 국사가 되어 국가보위의 화엄학을 펼 수 있었으나, 원효는 6두품 출신이었기 때문에 국사에 오를 수 없어 새로이 법성종을 세워 대승적 민중불교의 도를 전파했다.

이처럼 신라시대 골품제는 한 사람의 인생을 좌우하는 결정적인 요소였다. 진골과 6두품 사이도 그러했으니 하물며 하층이야 오죽했겠는가? 물론 예외적으로 인생이 역전되는 경우도 있긴 했다. 반역자나 그 자손들의 경우가 그러한데, 이들은 고귀한 집안 출신이라 해도 천민의 길을 걸을 수밖에 없었다. 왕실 출신이지만 험난한 인생의 수레로 바꿔 탄 궁예 역시 그런 경우에 해당한다고 할 수 있다.

출생의 비밀

궁예의 출신은 탄생설화를 통해 추적해볼 수 있다. 그의 탄생설화는 《삼국사기》〈궁예전〉과 《제왕운기》〈후고구려기〉 두 곳에 수록되어 전해오고 있다. 두 기록은 양과 서술 분야는 다르지만, 전체적인 흐름에는 큰 차이가 없다.《삼국사기》〈궁예전〉에는 "궁예는 신라 사람이요, 성은 김씨다. 아버지는 47대 임금인 헌안왕(857~861) 의정이요, 어머니는 헌안왕의 후궁이라고 하나 성명은 전하지 않는다. 혹은 48대 임금인 경문왕(861~875) 응렴의 아들이라고도 한다"라고 기록되어 있다. 그리고 《제왕운기》에는 "신라 임금 경문왕이 서자를 낳았더니 이가 두 겹이라 목소리도 겹쳐졌네. 얼굴이 임금에게 해롭다고 내쫓으니 중으로 행세하며 몰래 돌아다녔네"라고 했다. 이상의 기록이 그의 출신과 관련해 지금까지 알려진 자료의 전부이다. 그러나 이 자료들은 궁예의 출신에 대해 시원스럽게 대답해주기보다는 오히려 아버지가 누구일까 등에 대한 궁금증만 자극한다.

더욱이 이 기록에 대해서조차 의문이 제기되고 있다. 당시 많은 가문이 자신들의 가계를 미화할 목적으로 신라 왕실과의 관계를 강조했다는 점을 들어 이 기록을 부정하는 것이다. 그 근거로 《삼국유사》에 견훤이 이씨임에도 신라왕의 후예라고 내세웠다는 점을 들면서, 궁예도 같은 경우로 보고 있다.

그러나 궁예의 출신에 관한 기록은 후손들에 의해 미화된 것이 아니라 역사 편찬자들에 의해 서술된 것으로 보아야 한다. 만약 궁예의 후손들이라면 궁예를 시조로 내세우기보다는 생략해버렸을 것이기 때문이다. 궁예처럼 악의적으로 표현된 인물을 조상으로 삼고 싶어하는 사람은 많지 않을 것이다. 가문을 미화할 목적이라면 궁예를 선조로 삼아 신라 왕가와 관련된 탄생설화를 꾸미느니, 차라리 궁예를 뛰어넘거나 기록에서 지워버리고 바로 신라 왕가와 연결하려고 했을 것이다. 이런 점으로 볼 때 《삼국사기》에 수록된 궁예의 탄생설화는 궁예가 어떤 형태로든 왕가와 관련이 있다는 사실을 시사하고 있는 것이 틀림없다.

중오일에 태어난 아기

궁예 탄생설화 중 일부분은 사서 서술자에 의해 조작된 흔적이 보인다. 탄생 자체에 대한 기술이 아니라 해설과 평가 부분이 그러한데, 서술자는 궁예를 출생부터 비정상적이고 불길한 인물로 묘사해, 지나칠 정도로 부정적으로 서술하고자 하는 의도를 보이고 있다.

5월 5일 외가에서 낳았는데 그때 집 위에 흰 빛이 서려 긴 무지개 같은 것이 위로 하늘에까지 닿았다. 일관(천문을 맡은 관리)이 아뢰기를 "이 아이가 중오일에 태어났고, 또 나면서부터 이가 있고 광채가 이상하여 앞으로 나라에 이롭지 못할까 걱정되니 마땅히 기르지 말아야 할 것"라고 말했다. 왕이 내시에게 명하여 그 집에 가서 죽여버리라고 했다. 내시가 아이를 포대기 속에서 꺼내어 누다락 아래로 내던졌는데 젖 먹여오던 하녀가 몰래 받다가 잘못하여 손으로 찔러 한눈을 멀게 했다.

《삼국사기》 권50 〈궁예〉

일관은 궁예가 태어난 5월 5일은 중오일로 불길한 날이라고 했다. 그런데 5월 5일은 단오날로 이미 신라 때부터 명절로 꼽혀온 날이다. 뿐만 아니라 그 이후로도 중오일은 4대 명절의 하나로 꼽힌 상서로운 날이다. 《민속대사전》에서는 단오를 "중오, 단양, 오월절이라고 하며 순 우리말로는 수릿날이라고 한다"라고 설명하고 그 유래를 다음과 같이 기록하고 있다.

이 날을 수릿날이라고 부르게 된 유래에 대해 몇 가지 설이 있는데 문헌에 의하면 다음과 같다. 이날 쑥떡을 해먹는데 쑥떡의 모양이 수레바퀴처럼 만들어졌기 때문이라고도 하며, 또 수리취로 떡을 해먹었기 때문에 수리란 이름이 붙었다고 전하기도 한다. 또 수리란 고·상·신 등을 의미하는 고어인데, 5월 5일이 신의 날, 최고의 날이란 뜻에서 연유된 이름이라고도 한다(몽고어 Soro는 솟다·높다란 말이라 함). 단오는 초오의 뜻으로 5월 처음의 말의 날을 말한다. 음력 5월은 이른바 오월에 해당하며 양수, 즉 기수의 달과 날이 같은 수로 겹치는 것을 중요시한 데서 5월 5일을 명절날로 한 것이다. 중국의 고사류와 우리나라의 동국세시기 및 사서류 등의 문헌에 의하면 수릿날은 일년 중 큰 명절의 하나이다. 그래서 신라시대때부터 5월 5일을 단오절로 정하고, 위는 왕실로부터 아래는 백성에 이르기까지 이 날을 경축일로 삼아 거국적인 잔치를 베풀어 흥겹게 지내온 것을 알 수 있다.

중오일처럼 같은 숫자가 겹치는 날은 기가 센 날이라고도 하여 기피하는 적도 있었으나 길일로 삼았다. 9월 9일도 중양절이라 하여 큰 명절로 삼아, 고려시대에는 송·탐라·흑수 등 여러 나라의 외국인들에게 연회를 베풀어주었다는 기록이 있다. 그런데 왜 하필 궁예의 생일이었던 그해의 단오만 불길한 날이어야 하는가? 단오절이 군이 불길해야만 한다면 이날이 굴원이 멱라수에 빠져 목숨을 끊은 날이기 때문일수 있다. 그러나 그 이후 굴원은 가의의 〈굴원조부〉에서처럼 그를 따르는 무리들이 많았던 것으로 보아 반드시 불길한 날이라고 할 수만은 없을 것이다.

이처럼 다른 사람들에게는 아무렇지도 않거나 상서로운 일을 궁예에게만 악의적으로 적용하는 사례는 《삼국사기》의 다른 부분에서도 찾을 수 있다. 건국 당시 궁예는 "내가 반드시 고구려의 원수를 갚겠다"라고 하였고, 견훤은 "내가 의자왕의 오래 묵은 분을 설욕하겠다"라고 했다. 이 내용은 두 사람 모두 건국의 명분을 신라에 의해 멸망한 고구려와 백제의 재건에 두었다는 것을 알려준다. 그런데 《삼국사기》의 찬자는 궁예의 말 뒤에 "태어날 때 버림을 당했기 때문에 이런 말을 했다"라는 말을 슬그머니 붙여두었다. 이렇게 되면 견훤은 백제의 억울함을 풀기 위해서라는 공적인 명분을 내세운 게 되고, 궁예는 단순히 개인적인 원한 때문에 건국하게 되었다는 뜻이 된다. 이처럼 같은 내용을 궁예에 대해서만 더 혹독하게 서술하고 있다. 상서로운 '단오날'도 그렇게 해서 불길한 '중오일'로 둔갑하게 되었다.

큰 아이 궁예

궁예의 성은 무엇이고, 이름은 무엇인가? 이에 대해 궁예가 신라 왕실 출신이라는 점을 들어 '김궁예'라고 하는 이도 있다. 《삼국사기》에서 궁예의 아버지를 헌안왕 아니면 경문왕일 것이라고 했는데, 이 두 왕이 모두 김씨이니 그렇다는 것이다. 또 어떤 사람은 '궁예'가 본래 이름이 아니라고 주장한다. 궁예는 문자 그대로 '궁'과 '예'의 합성어로서 '활을 잘 쏘는 사람의 후예'라는 뜻이고, 나아가 궁예는 '활 잘 쏘는 사람'이라는 고구려어 '주몽'과 같은 의미라고 하여 고구려계라는 주장을 펴기도 한다.

그러나 나는 궁예의 궁은 '크다'의 의미로 보고 싶다. '큰'이 변화하여 '큰'→'근'→'궁'이 된 것으로 보인다. 이것은 백제의 근초고왕, 근

● 칠장사 명부전 벽화

구수왕의 '근'이 크다는 뜻인 것과 비슷하다. 이 해석은 천관우 선생의 《인물로 본 한국고대사》를 읽다가 흥미롭게 보아둔 부분이다. 실제 이 무렵 사람들 가운데는 반드시 성이라고는 할 수 없지만 궁을 이름 첫 머리에 쓰는 경우가 있었다. 《고려사》에는 궁복(장보고), 궁식, 궁제, 궁 진처럼 '궁'자로 시작된 이름을 가진 인물들이 여럿 나타난다. 여기서 궁은 크다는 의미로 보아도 그다지 틀리지 않을 것이다. 그러면 예는 어떤 뜻일까? 예는 애(아이)를 음사한 것으로 보인다. 그러면 궁예의 본 래 뜻은 큰(궁) 아이(예)가 되는데, 이는 궁예의 탄생설화와 어느 정도 부합된다.

《삼국사기》〈궁예전〉에 수록된 궁예 탄생설화에 의하면, 궁예는 '태 어나면서부터 이가 있었다'라고 한다. 그런데 여기서 태어날 때 이가 있었다는 표현은 고의적으로 서술된 것이 분명하다. 궁예의 괴이한 모 습을 연상시키려는 의도인데, 사실 그 이면에는 궁예가 일찍부터 다른 사람들에 비하여 성장이 빨랐다는 사실이 담겨 있다. 이와 관련하여 고구려 태조왕 설화를 살펴볼 필요가 있다. 《삼국사기》〈고구려본기〉에는 태조왕(재위기간 53~146)에 대해 "고구려의 태조왕은 이름이 궁宮인데 태어날 때부터 능히 눈을 뜨고 볼 줄 알았고 어려서도 출중했다"라는 기록이 있다. 그런데 중국의 사서인 《삼국지》〈위지〉 '동이전'은 이와 상반된 평가를 하고 있다. 즉 동천왕을 설명하면서 그 이름 '위궁位宮'은 태조왕의 이름인 '궁' 앞에 비슷하다는 뜻의 고구려어인 '위'를 붙인 것이라고 하면서, 태조왕에 대해 다음과 같이 서술하고 있다.

그의 증조부는 이름이 궁인데, 나면서 눈을 뜨고 사물을 볼 줄 알아서 나랏사람들이 이를 싫어했다. 과연 흉악하고 자주 침구했다.

위의 내용은 태조왕에 대하여 극단적으로 부정적인 평가를 내리고 있다. '태어날 때 눈을 떴다'는 사실 하나가 상반된 평가를 내리는 재료가 된 것이다. 그러므로 여기서 '눈을 부릅뜨고 사물을 볼 줄 알았다'는 표현은 보다 냉정한 평가가 필요하다. 위의 두 자료는 같은 사실을 서로 다른 입장에서 극단적으로 평가하고 있다. 《삼국사기》는 태조왕이 날 때 눈을 뜨고 사물을 볼 줄 알았다는 것을 출중하다고 평가한 반면, 《삼국지》는 이를 나랏사람들이 싫어하고 흉악하여 중국을 자주 침구했다고 평가한 것이다.

실제로 태조왕은 고구려의 기반을 닦아 중국에 맞서 자주성을 확립해간 영걸이었다. 태조왕은 옥저를 정복하고 요동으로 진출하여 현도·요동 2군의 군사를 격파했고, 요동 태수 채풍을 신창 전투에서 전사시키기까지 했다. 그러니 자연히 중국에서는 태조왕을 혐오할 수밖에 없었을 것이고, 이 때문에 고구려의 출중한 왕이 중국에서는 흉악한 적국의 괴수가 될 수밖에 없었다.

이러한 태조왕의 예를 궁예 설화에도 적용할 수 있다. 궁예가 나면서부터 이가 있었다는 사실에 대해서도 상반된 평가를 내릴 수 있는 것이다. 친 궁예 입장에서는 날 때부터 이가 있었다는 것을 조숙함의 의미로 받아들일 수 있으나, 반 궁예 입장에서는 이를 부정적으로 평가할 수밖에 없을 것이다.《삼국사기》의 표현도 그렇게 해서 가능한 것이다.

그러므로 궁예의 탄생설화에 나오는 '날 때부터 이가 있었다'는 표현은 좀 더 객관적으로 해석해볼 필요가 있다. 갓난아이가 성인의 특징을 가졌다고 표현한 경우는 기골이 장대했다는 뜻의 상징 정도로 받아들여도 무리가 없을 것이다. 따라서 궁예 설화의 내용은, 궁예가 일찍부터 의젓하고 조숙했음을 의미하는 것으로 보아도 틀리지 않을 것이다.

한편 단재 신채호는 궁예의 용모를 특이하게 상상하여, 중키의 미남자로 그리고 있다. 역사적인 측면에서라기보다는 흥미 차원에서 소개한다.

일목대왕의 역사를 볼 때 누구든지 대왕의 얼굴이 검고 붉고 뻐드렁니에, 외통이 눈매, 매부리코에 9척 장신에 기괴하고 흉악하게 생긴 것을 그리겠지만, 실제는 아주 이와 정반대로 얼굴이 옥 같고 이마가 탁 트이고 입술이 자칫 얇고 코가 높고 키는 호리호리한 중키에 지나지 못하며, 눈도 처음에는 외통이가 아니라 샛별같이 뚜렷한 두 눈이요, 신체도 골고루 발달하여 보기에 사랑스러운 미남자였다.

경문왕의 서자?
장보고의 외손자?

궁예의 출신에 관한 다른 의견들

궁예가 왕가 출신이라고 해도 궁예의 부모가 누구인가 하는 점은 아직까지 밝혀지지 않고 있다. 역사 기록자들은 궁예의 아버지를 신라 왕이라고만 했을 뿐 구체적으로 밝히지 않았다. 《삼국사기》 〈궁예전〉에 헌안왕 혹은 경문왕의 아들이라고 기록된 것이 궁예의 가계에 대한 설명의 전부이다.

그래서 여러 연구자들이 기록을 바탕으로 궁예의 아버지를 알아내기 위해 노력했으나 아직 밝혀지지 않았다. 역사 연구에 있어서 사료의 확보는 절대적이다. 최근 한국 고대사학회에서 격렬한 논쟁의 대상이 된 《화랑세기》 진위 논쟁도 바로 이런 문제에서 비롯되었다. 《화랑세기》가 김대문이 지은 진본의 필사본이라면 한국 고대사는 다시 쓰여져야 하므로 진위 문제를 철저히 가리기 위해 그토록 격렬한 논쟁이 벌어진 것이다. 만일 궁예의 가계에 대한 새로운 자료가 발견되지 않는다면, 궁예의 아버지가 누구인가 하는 문제도 영원히 미궁으로 남을 수밖에 없다.

이처럼 사료가 절대적으로 빈곤한 까닭에 궁예의 아버지를 밝히려는 노력은 다소 줄어들고, 그보다는 그의 사회적 위치를 파악하는 게 더 의미 있다는 의견이 우세해지고 있다. 어차피 어려서 버림받았다면 아버지가 왕이었든 노비였든 출신이 그의 성장에 미치는 영향력은 상대적으로 적었을 것이라고 보기 때문이다.

헌안왕 또는 경문왕의 아들?

궁예의 아버지가 헌안왕(재위기간 857~861)일 것이라고 주장하는 쪽에서는 궁예가 신라 왕실의 서자라는 기록을 중시하여, 이를 신라 하대의 왕위쟁탈전과 관련시켜 이해한다. 경문왕(재위기간 861~875)은 정비인 영화부인과의 사이에 정(헌강왕)과 황(정강왕) 두 왕자를 두었기 때문에 서자인 궁예가 왕위에 오를 가능성이 없고, 따라서 왕위쟁탈전의 희생물이 될 까닭도 없다는 것이다. 아울러 헌안왕에게 아들이 없고 딸만 둘이 있었다는 점을 근거로 궁예가 헌안왕의 서자일 가능성을 제기한다. 궁예가 서자이지만 왕위에 오를 가능성이 있었으므로, 왕위쟁탈전의 희생물이 되었을 수도 있다는 것이다.

그러나 이 주장은 설득력을 갖기 어렵다. 실제 헌안왕에서 경문왕으로의 왕위계승은 아주 평화롭게 이루어져 치열한 왕위쟁탈전의 흔적이 남아 있지 않다. 《삼국사기》에는 사위인 경문왕의 덕이 높은 것을 기특하게 여겨 헌안왕이 자연스럽고 평화롭게 왕위를 계승했다고 기록되어 있는데, 이 점을 근거로 헌안왕이 궁예의 아버지가 될 수 없다는 비판이 제기되기도 한다.

한편 궁예의 아버지가 경문왕일 것이라고 주장하는 쪽에서는, 헌안왕 때와 달리 경문왕 때 진골 사이의 왕위쟁탈전이 치열했다는 점을 근거로 들고 있다. 이 시기에 많은 인물들이 왕위계승의 희생양이 되었다는 것이다. 그러나 경문왕 때에도 왕위를 위협할 만한 대정변은 보이지 않는다. 굳이 든다면 874년(경문왕 14) 5월 이찬 근종이 일으킨 모반사건을 들 수 있으나, 이 난은 잘 수습되어 경문왕의 태자인 헌강왕이 순조롭게 즉위했다. 이 과정에서 왕자 혹은 왕서자들 사이에 정변이 일어난 흔적은 찾아볼 수 없다. 일부러 기록을 누락시키지 않았다면, 경문왕 때도 왕위쟁탈전의 양상은 보이지 않고, 따라서 경문왕도 궁예의 아버지가 될 수 없다는 비판이 제기되기도 한다.

신무왕의 다섯째 아들?

《삼국사기》에만 의존하면 궁예의 아버지를 찾는 작업은 더 이상 진전을 볼 수 없다. 그런데 궁예를 선조로 삼고 있는 성씨 가운데 하나인 순천 김씨의 족보를 참고하면 또 다른 추론이 가능해진다. 현재 족보에서 자신들이 궁예의 후손임을 밝힌 성씨로는 순천 김씨와 광산 이씨가 확인된다.

그 가운데 파보에 따라 약간의 차이는 있으나 순천 김씨 세보에는 궁예가 신무왕의 다섯째 아들로 되어 있다. 첫째 아들은 문성왕, 둘째가 영원, 셋째가 홍광, 넷째가 익광, 막내가 궁예라고 하고, 궁예에 대한 내용으로 "그 후손 중 하나는 순천 김씨가 되었고 하나는 광산 이씨가 되었다"라고 기록하고 있다. 물론 족보에 수록된 사실을 전적으로 믿을 수는 없다. 그러나 순천 김씨가 궁예를 자신들의 선조라고 하여 연결시켜놓은 부분은 관심을 가져 볼 만하다.

후손들이 족보를 만들 때에는 대체로 자기 조상을 미화하는 경향이 있기 때문에 족보에 기록된 내용들은 그대로 믿기가 주저되는 바다. 때로 황당한 전설이나 신화를 싣기도 하는데, 이 역시 선조를 미화시키려는 의도에서 비롯된다. 그런데 순천 김씨 족보에서는 그다지 영광스럽지 않은 궁예를 선조로 실어놓았다(1980년에 간행된《순천 김씨 철원공파 세보》에 따르면 자신들의 시조는 청광, 청광의 아버지는 궁예라고 밝혀 놓았다). 적자가 아닌 서자인데다 흉측하게 서술된 궁예를 자신들의 조상이라 하기에는 주저스러울 텐데도 순천 김씨는 그 사실을 그대로 인정하고 있는 것이다. 이 점에서 순천 김씨가 궁예와 직접적인 관련이 있다고 믿어도 좋지 않을까? 또 순천 김씨 세보의 사료적 가치를 더하는 것은, 궁예의 후손 중 하나는 순천 김씨, 또 하나는 광산 이씨가 되었다고 했는데, 실제 광산 이씨 세보에도 궁예가 23세 조로 기록되어 있다는 사실이다. 더 나아가 광산 이씨 세보에는 궁예는 경문왕의 서자이며 그 아들 청광은 순천 김씨의 시조, 신광은 광주 이씨의 시조로 기록되어 있다.

여기서 더욱 흥미를 끄는 것은 순천 김씨와 광산 이씨의 중시조가 《고려사》편찬과 밀접한 관계가 있다는 사실이다. 순천 김씨의 중시조는 김종서이고, 광산 이씨의 중시조는 이선제이다. 김종서는 잘 알려진 것처럼 북진을 개척한 영웅으로 정승까지 오른 인물로, 실제로《고려사》편찬을 관장했고, 이선제는 판서를 역임한 인물로《고려사》의 한 부분을 집필했다. 이들은 《고려사》에 궁예가 어떻게 서술되는가를 지켜보았음에도, 그 궁예를 선조로 떠받들며 살다갔다. 이런 점에서 궁예가 순천 김씨와 광산 이씨의 선조라는 내용은 믿을 만하다고 하겠다.

그런데 순천 김씨 족보에 따르면 궁예는 신무왕(재위기간 838~839)의 아들이다. 이 사실은 〈광산 김씨 전리판서공 승사랑공파보〉에도 궁예가 신무왕의 서자로 기록되어 있다. 아무리 족보라고는 하여도 이러한 일치는 어떻게 해석해야 할까? 그 하나의 단서가 신무왕 때의 왕위쟁탈 양상을 살펴보는 것이다. 과연 신무왕 때의 왕위쟁탈전은 궁예 같은 비극의 주인공을 만들만큼 치열했을까? 실제로 신무왕 때의 상황을 보면 왕위쟁탈전이 치열하게 전개되었다. 신무왕의 이름은 우징인데, 그 자신도 왕위쟁탈전을 긴박하게 이끌어간 주역 가운데 한 사람이었다.

이때의 왕위쟁탈전은 흥덕왕(재위기간 826~836)이 죽으면서부터 본격화된다. 먼저 흥덕왕의 종제인 균정과 헌정의 아들 제륭(뒤의 희강왕)이 왕위쟁탈전을 벌였다. 이 쟁탈전은 시중 김명(충공의 아들, 후의 민애왕)과 아찬 이홍·배훤백 등의 지지를 받은 제륭이 승리하여 희강왕으로 즉위함으로써 일단락되었다(836). 그리고 이때 왕위쟁탈에 실패한 균정의 아들 우징은 살해된 아버지를 두고 달아나, 청해진을 근거지로 막강한 군사력을 보유하고 있던 장보고에게 의탁하여 재기를 노렸다.

그런데 희강왕 3년(838)에 김명과 이홍이 반란을 일으켜 희강왕이 자결하고 김명이 왕이 되는 변란이 발생했다. 이에 반대한 김양이 군사를 이끌고 찾아와 김명의 즉위 사실을 알리자, 김우징은 이 사실을 장보고에게 말하고 자신을 도와달라고 요청했다. 장보고가 이를 수락하여 그의 지원 아래 거사를 일으킨 김우징이 왕이 되었으니 바로 신무왕이다(839). 그런데 신무왕은 즉위하던 해에 사망하고 그의 아들 문성왕이 뒤를 잇는다.

이처럼 신무왕대의 왕위쟁탈전은 치열했다. 따라서 순천 김씨 족보대로 궁예가 신무왕의 아들이라면 여러 추측이 가능하다. 신무왕이 죽자 문성왕이 왕이 되는 과정에서 벌어진 왕자들 간의 후계자 쟁탈전 중 희생된 인물 가운데 하나로 볼 수도 있을 것이고, 또 태자인 문성왕이 즉위 후 자신의 세력기반을 공고히하기 위해 반대파를 제거할 때 희생된 인물로 파악할 수도 있다. 문성왕은 즉위와 동시에 장보고에게 후한 상을 내리는 등 자신의 지지기반을 확고히하기 위한 조처를 취하였다. 이러한 상황이라면 정적에 대해서는 철저하게 숙청했을 가능성도 배제할 수 없는 것이다. 그러나 만약 궁예가 신무왕의 아들이라면 나이가 문제가 된다. 가장 적게 잡아서 신무왕이 죽던 해인 839년에 궁예가 태어났다고 하더라도 나라를 세울 때인 901년에 63세가 되며 918년 왕건에게 몰려날 때는 80세가 된다. 참고로 견훤은 901년에 34세, 왕건은 25세가 된다.

장보고와 궁예, 그리고 외손자

순천 김씨의 세보를 신뢰한다면 더욱 흥미로운 추론 하나가 가능해진다. 궁예가 장보고의 외손자일 수도 있다는 견해이다. 비록 소설에서이긴 하지만, 단재가 궁예와 장보고를 혈연적으로 연결시킨 예가 있다. 단재는 궁예의 성을 '궁'으로 보고 장보고의 원래 이름인 궁복의 첫 자인 '궁'과 같다고 하면서 송악군의 궁씨라고 했다. 당시에는 모계의 성을 따르는 경우도 흔히 있었으므로 궁예를 궁씨라고 하여도 그다지 틀린 견해는 아니다. 그러나 지나치게 파격적이라서 선뜻 믿기 어려운 게 사실이다.

한때 궁예의 이름을 '활 잘 쏘는 사람(궁)의 후예(예)'라고 해석하여 고구려계라고 주장한 연구자도 있었다. 그러나 나는 장보고를 고구려계인이 남하하여 정착한 것으로 보지 않기 때문에 이 견해를 받아들이지 않고 있다. 장보고의 출신에 대해서도 고구려계라기보다는 청해진(지금의 완도)에 기반을 갖고 있던 호족 출신이라는 것이 통설인 것 같다. 그 뒤 장보고는 당에 들어가 고구려계 유민집단인 이정기 세력의 난을 진압하는 데 공을 세우고 출세한 후 귀국한 인물로 보고 있다. 나역시 통설에 따르고 있다.

그런데 문성왕과 장보고의 관계 및 장보고 난의 경과를 보면 단재의 설정이 전혀 허무맹랑하지만은 않은 것 같다. 장보고는 문성왕 8년(846)에 반란을 일으켰는데, 그 이유는 중앙귀족들이 그의 딸과 문성왕의 혼인을 반대했기 때문이었다. 당시의 골품제 아래서는 아무리 막강한 군사력을 보유했다 하더라도 비천한 '해도인海島人'인 장보고의 딸과 왕실의 혼인은 상상할 수도 없는 일이었다. 이처럼 장보고가 반란을 일으킨 데는 나름의 이유가 있으며, 장보고의 반란은 신무왕의 왕위쟁탈전과 밀접한 관련이 있는 것으로 여겨진다.

장보고의 딸과 문성왕의 결혼은 이미 신무왕 때 약조했던 일로 보인다. 신무왕은 장보고의 지지가 없었다면 왕위를 노리지도 못할 만큼 실력이 미약했다. 그런 그가 장보고의 후원을 이끌어내기 위해서는 상당한 조건을 제시하지 않으면 안 되었을 것이다. 신무왕은 장보고와 결탁하는 과정에서 지키기 어려운 약속임을 알면서도 자신의 아들과 장보고의 딸을 혼인시키겠다고 약속했던 것은 아닐까? 그리고 실력은 있으나 신분이 낮은 장보고는 이 조건에 흔쾌히 응함으로써 신분상승을 꿈꾸었던 것은 아닐까? 그런데 신무왕은 왕이 되자마자 바로 죽고 뒤를 이어 왕이 된 문성왕이 약속을 지키지 않자 마침내 변란을 일으킨 것은 아닐지?

이러한 추정을 근거로 궁예는 장보고의 난 때 희생된 인물이라는 가설을 제기해볼 수 있다. 궁예의 탄생설화를 보면 그런 추측이 가능해진다.《삼국사기》〈열전〉에 등재된 인물들의 출신이나 출생지는 '○○주' '○○인' '○○부인' 등으로 밝혀놓고 있다. 그런데 궁예의 경우는 신라인이라고 밝히고 있으면서도 외가에서 태어났다고만 하고 있다. 여기서《삼국사기》찬자가 궁예의 외가가 어디인지 구체적인 지명

● 장보고 동상(중국 적산 법화원)

을 알면서 고의로 기록하지 않았다는 의문을 제기할 수 있다.《삼국사기》에서 견훤의 출신지는 '상주 가은현인尚州 加恩縣人'이라고 하여 구체적으로 밝히고 있으며, "그 출신을 몰라 기록하지 못한다"라고 기록된 인물들도 보인다. 이처럼 〈열전〉에 등재된 인물들에 대해 성의 있게 출신지를 밝히려고 노력한 흔적이 보인다. 그런데도 궁예의 경우는 왕실과 관계가 있음에도 '신라인'이라는 사실과 외가에서 태어났다는 사실만을 기록했을 뿐이다.

물론《삼국사기》가 출간된 1145년과 궁예가 활약했던 900년 전후는 약 2백 년의 차이가 있다. 그러나 궁예라는 인물의 비중을 고려하면 그의 출신지가《삼국사기》간행시에 인멸되었다고 보기는 어렵다. 그렇다면 그의 외가에 대한 구체적 지명은 고의로 누락되었을 가능성도 있다. 혹자는 궁예의 외가를 영월 일대에 있는 대호족으로 추측하면서, 궁예가 그 외가 세력을 배경으로 세력을 규합했다고 하기도 한다. 그러나《삼국사기》의 내용에 따르면 궁예의 외가는 중앙정부에 의해 무참히 훼손된 것으로 봐야 하기 때문에, 비록 지방에서라고는 해도 궁예 출생 이후에는 강대한 세력으로 존재하였던 것 같지는 않다.

왕위쟁탈전에서 희생된 인물

여기서 궁예가 외가에서 태어났고 외가가 지방이라면 청해진일 가능성도 생각해볼 수 있으며, 장보고 집안과 연계되었을 가능성도 전혀 배제할 수 없다. 왕위쟁탈전을 승리로 이끈 장보고가 이를 담보로 왕실과의 혼인을 강요했을 것은 자명하며, 실제로 신무왕과 문성왕은 즉위하자마자 장보고의 공덕에 감사하며 후대했다. 그런데 신무왕과 문성왕이 왕위에 오르기 전 상당 기간 청해진에서 장보고에게 의탁했던 점을 고려해볼 때 어쩌면 이때 자연스럽게 신무왕의 아들인 문성왕과 장보고의 딸 사이에는 관계가 이미 무르익었을 수도 있다. 그렇다면 궁예는 신무왕의 아들이라기보다는 문성왕의 자손일 가능성이 더 크다. 신무왕은 왕위에 오른 지 반 년여 만에 죽고 그 뒤를 태자인 문성왕이 바로 승계했다. 이 왕위계승은 워낙 빨리 진행되어《삼국유사》에서는 문성왕 때 일어난 사건을 신무왕 조에서 서술하고 있을 정도다. 또한 장보고의 딸을 왕비로 맞는 데 반대한 것은 중앙귀족들이었을 뿐 문성왕의 반대는 없었다는 점을 고려해볼 때, 궁예는 신무왕보다는 오히려 문성왕의 자손일 가능성도 있다. 만약 궁예가 장보고가 난을 일으킬 때 (846) 태어났다고 한다면, 901년 건국할 때의 나이는 56세, 왕건에게 918년 쫓겨날 때의 나이는 73세가 된다.

뿐만 아니라 궁예 탄생설화를 보면 장보고의 난을 진압하는 과정과 아주 흡사한 난이 연출되고 있다. 먼저 궁예 탄생설화는 궁예가 나라에 도움이 되지 않는다고 하여 조정에서 중사中使를 보내 궁예의 외가를 박살내고 그를 다락에서 내던진 것으로 기록되어 있다. 한편 장보고 난의 진압 과정을 보면 조정에서는 군사력으로 당할 수 없게 되자 자객 염장을 파견하여 장보고를 암살한다. 장보고의 난에 대한 좀 더 구체적인 자료가 없는 것이 안타깝긴 하지만, 신라 하대 왕위쟁탈전 중 가장 궁예 탄생설화와 부합되는 상황인 것만은 분명하다. 따라서 지나친 추론일지 모르지만 궁예가 궁복, 즉 장보고의 외손자일 가능성도 전혀 배제할 수는 없다.

그러나 이러한 여러 견해 중에서 어느 것이 옳다고 단언할 수는 없다. 여러 설이 모두 설득력이 있으며, 한편으로는 모두 논리상 보완해야 할 점이 있기도 하다. 궁예처럼 설화적 요소가 가미된 인물의 가계를 확정짓는 것은 앞으로도 증빙할 만한 새 자료가 나오지 않는 한 추론에 그치고 말 것이다. 그러므로 여기에서도 그가 왕위쟁탈전에서 희생된 인물이라는 정도에서 가계를 규정해두고자 한다.

중도 아닌 속인도 아닌
수도승

누구에게나 성장 과정 중 큰 영향을 받은 시기와 장소가 있게 마련이다. 그 경험은 잠재적 요소로 남아 그 사람의 삶에 큰 영향을 미친다. 궁예에게 있어 불교도 그런 요소였는지 모른다. 비극적인 출생을 하게 된 궁예는 10세가 조금 넘으면 세달사라는 절에 투탁하여 불교적 생활에 적응하면서 성장하기 때문이다.

그렇다면 궁예가 의탁했던 세달사는 어떤 절이었을까? 혹자는 궁예의 외가가 실력 있는 호족세력이며, 세달사는 궁예의 외가와 밀접한 관련이 있던 사찰이라고 주장하기도 한다. 지금도 마찬가지지만 당시에는 많은 사원들이 '단월'이라고 불렸던 시주자들을 두었는데, 이들은 사찰에 기부하는 형식으로 재산을 은닉하기도 하면서 막강한 영향력을 행사했다. 곧 궁예 외가가 세달사의 '단월'이었다는 것이다. 이렇게 되면 궁예는 유복한 가정에서 태어나 출세를 위한 수련을 하느라 세달사에서 승려의 길을 걸었다고 주장할 수도 있다. 당시 승려는 아무나 될 수 있는 게 아니라, 신분이 높은 사람들이 출세하는 하나의 방편이었기 때문이다.

왜 세달사를 택했을까?

그러나 궁예의 어린 시절에 관한 모든 기록에 그의 환경이 불우했다고 서술되어 있는 것을 보면, 궁예가 사원의 승려가 되는 것이 그다지 쉽지는 않았을 것이다. 《삼국사기》〈궁예전〉에는 궁예가 나이 10여 세가 되어도 장난이 그치지 않으므로 그 유모가 말하기를 "네가 태어나자 나라에서 버렸는데 내가 차마 어쩔 수 없어 몰래 길러 오늘에 이르렀다. 그런데 네가 이렇게 장난이 심하니 다른 사람들이 반드시 알게 될 것이고, 그러면 나와 너는 함께 화를 면치 못할 것이니 이를 어찌하랴?" 하니 궁예가 울면서 말하기를 "만약 그렇다면 내가 떠나서 어머니의 근심이 되지 않겠습니다" 하고 지금의 흥교사(세달사)로 갔다고 전한다.

이처럼 궁예는 10여 세가 되도록 숨어살면서 사회의 냉대와 경제적인 궁핍 속에서 생활할 수밖에 없었다. 또 그때까지 놀이만 일삼았을 뿐 아니라 일정한 교육을 받을 기회도 없었다. 당시 신라 상층부의 자제들은 국학에서 공부하며 출세의 기반을 닦았으나, 궁예는 이러한 혜택을 전혀 받을 수 없었다.

그렇다면 궁예가 세달사로 간 것은 무슨 이유에서 였을까? 그 동기는 분명하게 밝혀지지 않았지만, 경제적 동기에 의한 투탁이었을 가능성이 크다. 투탁은 경제적으로 여유가 있는 개인 또는 집단에 의탁해 생계를 해결하고 그 대신 노동력을 지불하는 것인데, 궁예는 그 대상을 절로 삼았던 것이다. 사원은 예나 지금이나 민생구제라는 사회보장적인 기능을 갖고 있었다. 유학자 최승로가 유년 시절 재해를 피해 절에 의탁했던 것도 이러한 절의 기능을 말해준다. 경제적으로 궁핍했던 궁예 역시 이러한 절의 사회보장 기능에 기대고자 했던 듯하다. 궁예의 사원 투탁은 생계를 위하여 자신의 신분을 포기하는 것이었다.

그렇다면 궁예는 왜 하필 세달사를 택했을까? 이 점에 대해서는 알려진 것이 없다. 궁예의 외가와 연결된 사원이었기 때문이라는 주장은, 궁예 외가의 세력을 확정할 수 없는 데다가 설령 그 세력이 강했다 하더라도 궁예 당대에는 이미 오래 전에 소멸되었을 것이기에 얼른 인정하기 어렵다. 지금으로서는 단지 그가 살던 지역과 가까웠기 때문이라는 것으로밖에 추정할 수 없다.

아직도 논란 중인 세달사의 위치

궁예가 정착하게 된 세달사의 위치에 대해서도 여러 가지 설이 있다. 그 가운데 설득력 있는 설은 세 가지이다. 부석사라는 설, 영월에 있다는 설, 그리고 개경 부근에 있다는 설이 그것이다. 최근에는 안성의 칠장사설도 부각되고 있다.

세달사가 부석사라는 설은 이승휴의 《제왕운기》에 나오는 기록을 근거로 한다. 이승휴는 궁예가 투탁한 사원이 흥교사라 하면서 "옛날의 선달사善達寺이며 혹 부석사라고 국사에 정했다"라고 주를 달아놓았

● 칠장사 전경

다. 이 기록으로 미루어 보면 이승휴가《제왕운기》를 저술하던 때는 부석사를 흥교사라 부르기도 했으며, 그 이전에는 선달사라 불렸음을 알 수 있다.

그 밖에 개경 부근설과 영원설은 모두《삼국사기》의 "세달사는 지금의 흥교사"라는 기록을 근거로 하고 있다.《삼국사기》와《제왕운기》모두 궁예가 투탁한 곳이 흥교사라고 하였으나,《삼국사기》는 흥교사를 세달사라 하고,《제왕운기》는 흥교사를 선달사·부석사라 불렀다고 한 점에서 차이를 보인다.

개경 부근설은 이병도 선생이《삼국사기》역주본에서 세달사의 위치를 개풍군 풍덕에 위치한 것으로 비정한 이래 상당 기간 통설로 인정받아왔으나, 영월의 흥녕사지가 흥교사라는 지적이 나온 후에는 설득력을 잃었다. 영월 흥녕사지설은 정영호 교수가 〈신라사자산 흥녕사지 연구〉를 소개한 이래 상당한 설득력을 갖게 되었는데, 정확한 소재는 강원도 영월군 남면 흥녕리 흥교동 대화산 서쪽이라고 한다. 그러나 최근에는 이를 부인하는 견해도 제기되고 있다.

● 부석사 전경

　그 동안 나는 위의 세 가지 설 가운데 영월 흥녕사지설을 믿어왔지만, 지금은 이승휴의 《제왕운기》에 기록된 대로 흥교사는 부석사였을 것으로 추측하고 있다. 그 이유는 궁예가 부석사에 대해 남다른 지견을 가지고 있었던 것으로 보이기 때문이다. 궁예는 부석사에 있던 신라 왕의 초상을 칼로 벤 일이 있는데, 이곳에서 그런 행동을 할 수 있었다는 것은 부석사에 이미 궁예를 지지하는 상당한 세력이 있었음을 의미한다. 또한 궁예가 부석사의 내부 사정을 잘 알고 있었기에 그런 행동을 할 수 있었던 것으로 보인다. 당시 종교계 내에서 부석사가 불국사보다 상위의 사찰이었음을 감안하면, 뜨내기나 혹은 아무 배경도 없는 사람이 그처럼 파격적인 행동을 하기는 어려웠을 것이기 때문이다.

승률을 지키지 않고 담기가 있는 수원승도……

지금은 승려가 되기 위해 절에 가지만, 궁예가 살았던 당시는 그럴 수가 없었다. 그때의 승려란 일종의 벼슬과도 같아서, 신분이 높지 않으면 승려가 될 수 없었다. 의상은 진골이라는 최고의 귀족 신분이었고, 원효는 진골 다음가는 두 번째 높은 신분으로 득난得難(얻기 어려운 신분)이라 불린 6두품 출신이었다.

물론 궁예도 본래의 신분을 유지하여 왕실과 연결되었더라면 고급 승려의 길을 밟을 수 있었을 것이다. 그러나 궁예는 궁핍을 면하기 위해 투탁한 처지였으므로, 경이나 외우고 강이나 하면서 품위를 지키는 모양 좋은 승려가 될 수는 없었다. 뿐만 아니라 궁예는 정식으로 구족계를 받은 승려가 아니었다. '스스로 머리를 깎고 중이 되어 이름을 선종善宗이라 자칭'했을 뿐, 정식으로 수련 과정을 밟은 것이 아니었다.

궁예의 처지가 승려가 될 수 없었다면 세달사에서 그는 무엇을 했을까?

궁예가 절에서 보여준 행동으로 절에서 그의 위치를 파악할 수 있다. 《삼국사기》에는 "궁예가 장성하게 되어서는 절의 규율에 구애받지 않고 건들건들하며 담기가 있었다. 일찍이 재를 올리러 갈 때 까마귀가 무엇을 물고 와서 바리때에 떨어뜨렸는데, 이를 보니 아참牙籤에 '왕王' 자가 쓰여 있었다. 궁예는 이 사실을 비밀에 부치고 아무 말도 하지 않고 자부심을 가졌다"라고 기록되어 있다. 이처럼 궁예는 열심히 경을 외우는 모범적인 승려가 아니었으며, 성불보다는 속세에 뜻을 둔 인물이었다. 따라서 궁예는 고급 승려라기보다는 수원승도였을 것으로 추정할 수 있다.

수원승도에 대해서는 《고려도경》을 통해 그 윤곽을 파악할 수 있다. 《고려도경》은 송나라에서 고려에 사신으로 왔던 서긍이라는 사람이, 고려에 와서 보고 듣고 느낀 것을 기록하고 그림을 그려넣은 책이다. 이 책에는 수원승도의 또 다른 표현인 재가화상에 대해 다음과 같이 적혀 있다.

재가화상은 가사를 입지 않고 계율을 지키지 않으며, 흰 모시의 좁은 옷에 검은색 깁으로 허리를 묶고 맨발로 다니는데, 간혹 신발을 신은 자도 있다. 거처할 집을 자신이 만들며 아내를 얻고 자식을 기른다. 그들은 관청에서 기물을 져 나르고 도로를 쓸고 도랑을 내고 성과 집을 수축하는 일 등에 종사한다. 변경에 정보가 있으면 단결해서 나가는데, 비록 달리는 데 익숙하지는 않으나 자못 씩씩하고 용감하다. 군대에 가게 되면 각자가 양식을 마련해 가기 때문에 나라의 경비를 소모하지 않고서 전쟁할 수 있게 된다. 들리는 바로는 중간에 거란이 고려에 패전한 것도 바로 이 무리들의 힘이었다고 한다. 그들은 사실 형벌을 받은 복역자들인데, 이족夷族 사람들은 그들이 수염과 머리를 깎았다고 하여 화상이라고 이름한 것이다.

이처럼 재가화상의 모습은 고급 승려와는 확연히 구분되었다. 구체적인 차이점을 살펴보면 첫째 계율을 지키지 않으며, 둘째 일반 노동에 종사하고, 셋째 씩씩하고 용감하며, 넷째 전투력과 이를 수행할 경제력을 갖추었다고 한다. 머리를 깎았다는 외형적인 모습도 특징의 하나이다. 서긍의 눈에 비친 재가화상의 모습은 앞서 살펴본 궁예의 모습과 흡사하다. 승률을 지키지 않고 담기가 있는 부류. 이들은 승려이면서 승려가 아니다. 비승비속적인 형태의 재가화상, 즉 수원승도야말로 기록에 나타난 대로 세달사에서의 젊은 시절 궁예의 모습을 보여주는 것이다.

뒷날 궁예가 경을 20권이나 지었다고 하여 식견 높은 승려 출신으로 보는 견해도 있으나, 사실 궁예가 지은 경의 성격은 정통 불교와 맥이 닿아 있다고 보기 어렵다. 그가 지은 경들은 불교와 관련된 것이라기보다는 자신만의 독특한 견해를 담은 것으로, 요즈음으로 말하면 신흥종교의 교주들이 재래종교 교리를 자기 나름대로 해석한 해석서를 만들어 포교할 때 사용하는 것과 유사한 형태로 보는 게 마땅할 것이다.

기댈 곳은 호족이다

세달사에서의 궁예와 뜻을 같이했던 사람들의 면면을 살펴보면 궁예가 수원승도였을 것이라는 확신이 선다. 궁예와 아주 가까웠던 사람으로 종간과 은부가 있다. 이들은 왕건이 궁예를 축출한 뒤 7일 만에 '궁예에게 고임받았다'는 죄목으로 처형당했다. 종간은 어려서 중이 되어 간사한 짓을 행했고, 은부는 어려서 머리를 깎이고 목에 칼을 쓰고 있던 죄인이었다고 한다. 모두 서긍이 표현한 대로 '형벌을 받은 복역자'이거나 '머리와 수염을 깎은' 재가화상, 즉 수원승도들이었다. 특히 종간은 절에 투탁한 수원승도로서 궁예와 비슷한 처지에 있었다. 이와 비슷한 인물로 허월을 들 수 있다. 허월은 궁예 생전에는 궁중 내의 사원에 있으면서 보필하다가 궁예가 죽은 후에는 왕건에게 쉽게 귀부하지 않았다. 유감스럽게도 그와 불교와의 관계를 알려주는 구체적인 자료는 더 이상 찾을 수가 없지만, 그가 궁예 말년까지 사상적 동반자였다는 점을 볼 때 비슷한 처지에 있었던 인물로 추정된다. 어쨌든 종간, 은부, 허월 등을 알게 된 시기는 각각 다를지 몰라도, 모두 수원승도 처지였던 친구들로서 그 관계가 상당히 일찍부터 형성되었음을 알 수 있다 그리고 수원승도라는 신분에서 이들의 민중적 성격이 강하게 나타난다고 할 수 있다.

이렇게 본다면 궁예는 세달사에서 자신과 성향이 비슷한 사람들과 적지만 하나의 무리를 이루었던 것으로 보인다. 그리고 이들은 세달사에서 사원과 불교의 타락상을 체험하고, 세속화된 사원에서 더 이상 구원을 기대할 수 없다는 절망감도 느꼈을 것이다. 당시 사원은 부패할대로 부패했고 이에 대한 하층민의 저항은 격렬했다. 궁예 일행의 미륵으로의 희구라는 사상적 전환도 이 무렵부터였을 것이다.

세달사를 떠나 기훤에게 가다

그들의 분노는 최언위가 지은 〈홍녕사 징효대사보인탑비〉의 내용에서도 찾아볼 수 있다. 이 비문은 891년 홍녕사의 주지 절중이 민란을 피해 조령에 머물렀던 사실을 전하고 있다. 결국 이 민란으로 홍녕사는 소실되었다고 한다. 사원은 더 이상 민중이 기댈 수 있는 곳이 아니라 오히려 타도의 대상이 되었으니, 더 이상 부처의 자비를 믿지 않게 된 성난 하층민의 분위기를 짐작할 수 있다. 이처럼 권위와 존경의 상징이 아니라 가렴주구와 허위의 집합체로 인식된 사원의 정점에는 신라 왕이 있었다. 당시 불교는 국가 종교로서 신라 왕은 실질적인 종교계의 우두머리이기도 했다. 따라서 세달사에서 지내던 궁예와 그의 친구들은 사원의 문제를 개선하기 위해서는 현실적인 문제를 개선해야 한다고 생각하기에 이르렀을 것이다. 이들은 물리적인 힘을 행사하려고 생각한 적도 있었는데, 궁예는 "담기가 있고 승률을 잘 지키지 않았다"라는 기록은 바로 그의 저항적인 행동에 대한 표현으로 이해할 수 있다.

그러나 그들의 힘에는 한계가 있었다. 세달사, 즉 왕실의 비호 아래 성장한 부석사의 세력은 그들이 감당하기에는 너무 벅찼을 것이다. 힘의 한계를 느낀 궁예와 그 친구들은 후원자를 물색하다가, 죽주의 호족 기훤을 찾아가기로 결정했다. 그때가 891년이었다. 이해는 견훤이 후백제를 세우기 한 해 전이었으니, 궁예도 한반도의 서남쪽에서 견훤이라는 인물이 새나라를 만들고 있다는 사실을 들어서 알고 있었을 것이다. 또한 이해는 《삼국사기》 '진성여왕' 조에 처음으로 군도의 존재가 등장한 해이기도 한다.

기훤 휘하에서 세력을 키우고

궁예가 왜 기훤을 선택했는지에 대해서는 정확히 알 수 없다. 단지 기훤은 〈궁예전〉에 구체적으로 이름이 등장하는 몇 안 되는 인물 가운데 한 사람인 것으로 볼 때 중부에서 상당한 실력을 쌓은 호족의 한 사람이었던 것으로 보이고, 그런 점에서 궁예가 그에게 의탁했을 것이라는 정도로 추정할 따름이다.

궁예가 사찰이 아닌 호족을 선택한 데는 아마도 세달사에서의 경험이 크게 작용한 것 같다. 세달사에서 잦은 충돌을 경험했던 궁예로서는 다른 사찰이라고 해봐야 더 나을 게 없다고 판단했을 것이다. 그리하여 중부에서 일정한 권역을 장악하며 세력을 결집한 인물인 기훤에게 향하였던 것 같다.

이렇게 해서 궁예와 그의 친구들은 세달사를 떠났다. 이 무렵 궁예 세력은 정치적 집단의 성향을 가졌다기보다는 사원 내의 지배계층인 승려들에게 불만을 갖고 있던 세력이 자연발생적으로 결합한 것으로 이해함이 옳을 듯하다. 그리고 궁예와 이들의 관계는 수직적 관계가 아니라 수평적 결합, 상관과 부하가 아닌 친구관계였던 것으로 보인다.

이 무렵 신라적 질서가 붕괴되어가던 신라 하대에 새로운 세력집단, 곧 재지세력으로 일정한 실력을 가진 호족이 나타나기 시작했다. 반독립적인 성향을 띠었던 이들은 신라에 대해 반기를 들었다. 이들 호족의 존재는 신라에서는 반란의 무리였지만 역사발전의 원동력이 되었다. 호족들 중에는 신라의 촌주 출신도 있었고, 몰락한 중앙귀족이 지방에 내려가 세력의 중심이 된 경우도 있었으며, 해상 무역으로 실력을 쌓은 자도 있었다. 출신이나 성장 배경은 이처럼 다양하였으나 이들이 재지세력이며 반독립적인 반신라 경향을 갖고 있었다는 점에서는 공통되었다. 이들은 정치·사회적인 경향뿐만 아니라 종교적으로도 반신라적이었다. 호족들은 종래의 중앙귀족이 이끌어오던 교종 중심의 교단에 편입되기를 거부하고 그 대신 선종을 받아들여 지방을 중심으로 자기화하면서 신앙세계를 넓혀나갔다. 이러한 호족들은 점차 지방에서 연합하여 보다 거대한 세력체를 구성하기 시작했다. 뒷날 고려의 태조가 되는 왕건도 해양 세력을 기반으로 한 호족 출신이었다.

이러한 사회 분위기에서 궁예는 세달사의 친구들과 함께 중부의 호족 기훤을 찾아갔던 것이다. 궁예는 기훤에게 충분한 환대를 받고, 그에 상응하는 지위와 물자를 보급받을 수 있을 것으로 생각했다. 그러나 예상과 달리 기훤은 궁예 일행을 마땅치 않게 생각했다. 기훤이 궁예 일행을 마땅치 않게 여긴 것은 상당히 의아스러운 부분이다. 이에 대해 지금까지는 궁예 일행의 세력이 생각보다 강성해 기훤이 이를 두려워하여 견제했다고 보았으나, 한편으로는 궁예의 예상보다 큰 조직과 세력을 갖고 있던 기훤이 궁예 일행을 홀대한 것으로 볼 수도 있다. 시쳇말로 궁예 일행은 조무래기로서 찬밥 신세를 면하지 못했던 것이다. 그리고 궁예와 그의 친구들은 오만한 기훤의 태도에 무척 당황했을 것이다. 이런 상황에서 계속 기훤 아래 있는다는 것은 궁예로서도 괴로운 일이었다. 결국 그들은 기훤을 떠나 자신들을 받아줄 새로운 상대를 찾는다. 그들이 다시 찾은 대상은 북원(원주)의 호족 양길이었다.

궁예는 마침내 기훤을 등졌다. 그러나 그냥 몸만 빠져나온 것은 아니었다. 궁예는 기훤 휘하에 있는 동안 기훤의 부하인 원회·신훤 등과 결탁하여 '친구(友)'관계를 맺는다. 이들에 관한 구체적인 자료는 없다. 다만 기훤 휘하에 있으면서 불만이 많았던 하급 부대의 장이었거나 병사로 추정해볼 따름이다. 이들이 기훤의 유능한 장수였다면 궁예와 동등한 관계로 결탁할 필요가 없었을 것이며, 구태여 새로운 후원자를 찾을 필요 없이 스스로 독립하여 궁예를 휘하에 거느렸을 수도 있다. 그러나 상하 관계가 아닌 친구 관계로 결합된 것을 보면 신훤과 원회도 기훤 아래서 그다지 편안한 생활을 하지는 못했던 것 같다. 어쨌든 궁예 일행은 세달사에서의 친구들에 기훤 휘하에 있었던 신훤과 원회의 무리가 합세해 더 큰 세력이 되었다.

기훤을 떠나 양길에게 간 까닭은

이처럼 궁예 세력이 커지기는 했으나 독자적으로 선포할 만큼은 아니었다. 그리하여 궁예는 그들과 함께 양길에게 갔다. 892년이었다. 이해 견훤은 무진주(전라남도 광주)를 습격하고 스스로 왕을 칭하였다. 상주 가은현 출신으로 신라의 비장을 거쳐 서남해안의 수비를 맡았던 견훤은, 신라 하대의 혼란을 틈타 반신라적 성향을 이용하여 백제 부흥의 기치를 내걸고 후백제를 건국했다. 이때 견훤의 나이는 25세, 궁예는 신무왕의 아들이라고 가정했을 때 43세(문성왕의 아들이라고 했을 때는 36세), 왕건은 16세가 된다.

여기서 중요한 문제는 아니지만 궁예가 왜 견훤과 같은 큰 세력이 있었음에도 하필 양길에게 갔는지 짚어보아야 할 것 같다. 여러 추측이 가능하겠지만, 궁예는 이미 국가체로까지 성장한 견훤에게 가면 기훤에게서보다 더한 찬밥 신세를 면치 못할 것을 겁냈을 수도 있다. 또한 나이도 문제가 되었을 것이다. 당시 양길이 몇 살이었는지 정확히 알 수 없지만 이제 약관이 지난 청년 장교 견훤보다는 위였던 것 같다. 뿐만 아니라 견훤에게 가기 위해서는 죽주에서 무진주까지 상당한 거리를 행군해야 했는데 그것도 큰 부담이 되었을 것이다. 그러나 무엇보다 큰 이유는 궁예와 견훤의 성향 차이 때문인 듯하다. 궁예가 하층민으로 곤궁한 생활을 계속하여 반신라적 성향이 강했던 데 비해 견훤은 반신라적 분위기를 이용하긴 했지만 기본적으로 신라의 유망한 청년 장교였다. 궁예가 철저한 반골이라면 견훤은 후백제를 건국하기 전까지만 하더라도 충실한 신라 군인이었다는 점에서도 정서상 궁예의 견훤행은 쉽지 않았을 것이다. 궁예로서는 자생적인 반신라적 경향의 호족들과 규합하는 편이 자신의 미래에 유리하다고 판단했으리라.

3

반신라의
기치를 들다

대호족
양길과 함께

　궁예가 몸을 맡긴 양길은 북원(원주)과 국원(충주) 일대를 근거지로 한 대호족이었다. '원주적수原州賊帥'로 표현되었지만 실제 제왕과 같은 실력을 행사하였다. 《삼국사기》에 양길의 세력 범위는 '국원등 30여 성 이상'으로 기록되어 있다. 이 무렵 '30여 성'은 하나의 세력 단위로 표현된 예가 많은데, 양길의 경우는 좀 다르다. 양길이 장악하고 있던 지역 내에 신라 5소경 중 북원과 국원 2경이 포함되어 있었기 때문이다.

　소경은 대복속민 정책의 하나로 설치된 것이었다. 신라는 복속지역의 거주민을 회유하는 한편 지배층들을 원거주지에서 이주시켜 다른 지역에 정착시킴으로써, 상하가 연결될 수 있는 고리를 지역적으로 분할하기 위하여 소경을 두었다. 남원소경은 고구려 유민들이 세웠던 보덕국의 주민들을 사민한 지역이며, 국원경은 가야의 지배층을 이주시킨 곳이다. 우륵 같은 이가 국원 출신인 것은 여기에서 유래한다. 한편 북원의 경우는 복속지역임에도 불구하고 독립성을 그대로 인정해주어 회유하고자 했던 것이다. 이처럼 대복속민 정책의 일환으로 설치된 소경은 중앙의 통제가 해이해지면 언제라도 반신라적인 경향으로 바뀔 소지를 내포하고 있었다.

교통과 경제의 중심지, 북원과 국원

이러한 소경이 지방에서 차지하는 도시로서의 기능이나 비중은 매우 컸다. 북원경과 국원경도 정치·경제·문화의 중심지라는 점에서 이 일대의 다른 지역보다 중요도가 컸다. 다른 도시의 경우도 마찬가지지만 이 두 지역의 중요성을 파악하기 위해서는 이 시기 교통로에 대한 이해가 선행되어야 한다. 당시 교통수단으로 가장 중요시된 것은 수로였다. 그 중에서도 특히 내륙 수로인 강의 기능을 이해해야 한다. 근대에 철도와 신작로 등 육상교통이 발달하면서, 강에 다리가 건설되고 자동차가 대량 보급되어 강의 양안을 연결시켜주던 배가 사라짐으로써 강은 지역의 단절을 상징하는 대명사가 되고 말았다.

그러나 배를 이용한 운송이 절대적이던 당시에 도시는 강을 끼고 발달했다. 특히 우리나라처럼 내륙 수로가 발달한 지역에서 강의 이용은 절대적이었다. 대한제국 시기 우리나라를 방문했던 이사벨라 비숍 여사는 배를 이용하여 한강 상류의 온달산성에까지 갔던 일을 기술하고 있다. 이처럼 1백 년 전만 해도 강은 중요한 교통로였다. 또한 강은 양안의 생활권을 하나로 연결시켜주는 역할을 했다. 지금까지 이러한 흔적이 남아 있는 곳이 바로 화개 같은 지역이다. 비록 행정구역상으로는 전라도와 경상도로 갈라져 있지만, 이 지역은 강을 사이에 두고 하나의 생활·문화권을 형성한다.

당시 북원과 국원도 강을 끼고 발달한 도시로 수운의 요충지였다. 주로 선박에 의해 조세 운송이 이루어진 고려시대에는 이를 조운이라 했고 조운을 위해 물품을 저장해놓은 곳을 조창이라 했다. 고려시대에는 12개의 조창이 있었는데, 모두 수운이 편리한 지역에 자리했다. 이 12개의 조창 중 흥원창과 덕흥창이 각각 북원과 국원에 있었다는 것은, 이곳이 교통의 요지이자 경제의 중심지였음을 의미한다. 당시 조운은 호족들의 도움 없이는 수송 자체가 불가능했다. 따라서 이 두 지역을 장악하고 있던 양길의 세력은 수군도 매우 강했음을 알 수 있다. 국원과 북원, 신라 5소경 중 두 지역을 중심으로 한 양길의 세력은 한강을 끼고 발달한 하나의 내륙왕국이었던 것이다.

당시 소경의 범위나

● 법천사지 당간지주

● 거돈사지3층석탑

규모에 대해 구체적으로 알려진 것이 없기 때문에 양길의 세력이 어느 정도인지 정확히 알 수는 없다. 그나마 서원경(청주)의 경우를 통해 미루어 짐작해볼 수 있어서 다행이다. 궁예는 뒤에 도읍을 송악에서 철원으로 옮기면서 청주인 1천 호를 이주시키는데, 이때 호당 인구를 5인으로 본다면 5천 명이 된다. 이를 전부 청주에서 보충하였으므로 청주의 인구는 최소한 5천 명 이상이었던 것으로 추정할 수 있다. 이 시기의 5천 명은 결코 적은 인구가 아니다. 궁예는 휘하의 무리가 3천 5백명일 때 장군을 칭했고 견훤은 5천 명의 부하를 거느리고 왕을 자칭했다. 그런데 청주는 이보다 훨씬 더 큰 규모를 자랑하였던 것이다. 궁예 정권을 전복한 후 왕건이 청주를 가리켜 '땅이 비옥하고 인구가 많은'

지역이라고 평가했는데, 이는 철원으로 1천 호가 이주했음에도 여전히 많은 사람들이 살고 있었다는 의미이다. 당시 소경의 규모가 대체로 청주와 비슷하다고 볼 때, 북원과 국원, 두 소경을 장악한 양길의 세력 규모를 상상할 수 있을 것이다. 지금도 이 일대에는 대규모 국보급 유형물들이 남아 있어 당시의 번성했던 한때를 돌이켜 보게 한다. 양길의 시대와 그다지 멀지 않은 고려 초의 대사찰들, 곧 법천사·거돈사 등의 폐찰지와 거대한 규모의 당간지주나 부도탑들이 왕년의 영화를 증명하고 있다.

내륙의 국왕, 양길

이 내륙의 국왕 양길은 궁예의 투탁을 흔쾌히 수락하고 그를 믿어주었다. 아마도 양길은 세력 확대를 위해 궁예를 받아들인 것 같다. 당시 양길은 견훤도 무시하지 못하는 세력가로서 인접한 기훤이나 기타 중소 호족들을 흡수하려는 야심을 갖고 있었다. 892년 후백제를 건설한 견훤은 양길에게 비장이라는 직위를 주었는데, 이는 실직이라기보다는 양길의 실력을 의식한 행위였다. 관념상 자신이 양길보다 위라는 의식을 표현한 견훤의 과장된 행동이었던 것이다. 그만큼 양길의 세력은 컸다. 훗날 양길은 비록 패하긴 하지만 궁예가 자신을 배반했다는 이유로 전투를 벌이기도 했으니, 양길이라는 인물이 단순히 세력 유지에만 급급한 안주형만도 아니었음을 알 수 있다. 양길은 확실한 자신의 패권을 수호하고 통일을 염원했던 전국시대의 영웅적 기질을 가진 인물이었다. 따라서 양길이 궁예를 받아들인 것은 자신의 위상을 확립하고 위치를 확고히하기 위한 조처였던 것으로 보인다. 또 대립하고 있던 기훤의 휘하에서 떨어져 나온 궁예를 얻은 것은 전력상 큰 이득이므로 환대할 수 밖에 없었을 것이다. 한편 궁예도 이제 혈혈단신만은 아니었다. 세 달사의 친구들과 죽주의 친구들이 그의 주위에 있었다. 자신의 세력에 대해 자신감을 가지고 있던 양길은 궁예를 후하게 대접했고, 궁예는 자신을 든든하게 지원하는 양길 휘하에서 첫 정복활동에 나서 야망의 날개를 펴기 시작했다.

이제 궁예를 얻은 양길이 세력기반을 확고히 함으로써 신라 말의 세력판도는 꽉 짜여지게 되었다. 한반도의 동쪽에는 위축되긴 했지만 여전히 신라가 버티고 있었고, 서남쪽에는 견훤의 후백제가 욱일승천의 기세로 뻗어나가는 형상이었으며, 그 외에 김해의 왕봉규, 북원·국원의 양길, 죽주의 기훤이 있었다. 그리고 서북부에는 신천 강씨, 평산 박씨, 왕건가 등이 고구려의 후예로서 하나의 세력권을 형성하고 있었다.

첫 전투로 역사에 등장하다

892년 찬바람이 콧등을 시리게 하는 늦가을 10월에 궁예는 양길의 지원 아래 첫 정복활동에 나섰다. 궁예의 첫 진출지는 양길의 거점인 북원으로부터 동남쪽 방향이었다. 궁예가 왜 이 지역으로 진출했는지는 알 수 없다. 물론 전투지역 설정은 궁예의 뜻대로 이루어진 것이 아니라 양길의 결정에 따른 것이었다. 양길은 궁예를 수운을 이용하여 한강 하류지역 정벌에 나서게 할 수도 있었을 텐데, 막상 궁예는 북원의 동쪽 지역으로 진출하였다. 이런 점에서 궁예가 수전보다 육전에 더 강했기 때문이 아닐까 추측해 볼 수 있다. 양길이 궁예에게 준 1백여 명의 병력이 기병이라는 점이 그러한 추측을 뒷받침한다. 그러나 한편으로는 양길이 다른 후삼국시대의 영웅들처럼 자신의 판도를 극대화하기 위해 취한 조처로도 볼 수 있다. 곧 한강 하류로 진출하여 세력을 확장할 야심을 가지고 있었기 때문일 수도 있는 것이다. 따라서 양길 자신은 수군을 이용하여 한강 하류로 향하고 궁예는 내륙에서 거점을 방어하고 후방을 지켜주기를 바랐는지도 모른다. 어쨌든 궁예의 정복활동이 양길의 비호 아래 시작되었다는 점에서 이 시기의 궁예 세력을 독립적이라고 볼 수는 없다. 그러나 궁예는 체계적이고 조직적인 활동을 전개한다. 장수로서의 실력과 기질을 발휘하기 시작한 것이다. 양길의 부하 장수로서이긴 하지만, 궁예 개인의 명성과 활동은 바로 이 시점부터 점차 역사의 전면에 떠오르기 시작한다.

궁예의 첫 거점은 치악산 석남사였다. 현재 석남사의 위치는 정확히 파악되지 않는다. 《동국여지승람》에는 음죽현의 백족산 석남사 · 장기현의 묘봉산 석남사만 보일뿐, 치악산 석남사는 어떠한 기록에도 남아있지 않다. 그런데 원주의 향토지 등에는 원주의 영원산성이 궁예가 양길 휘하에서 거점으로 삼았던 지역이라고 되어 있다. 원성군 관부면 금대리에 있는 영원산성은 양길이 쌓은 성인데, 궁예가 이곳에서 진을 치고 인근 고을을 공략했다는 것이다. 이 산성은 고려시대에 거란족의 침입을 열 차례나 격퇴시긴 요충지이며, 임진왜란 때에도 원주 목사 김제갑과 여주 목사 원호가 전사하면서까지 왜군을 막아낸 요충지이다. 《동국여지승람》에 따르면 본디 이 성의 둘레가 3,794자에 이르렀다고 하는데, 궁예의 거점 석남사를 찾는다면 이 부근 어딘가로 압축하여도 무리한 주장은 아닐 것이다.

궁예는 치악산 석남사에서 전열을 정비하고 정벌에 나서 성공적인 전과를 올렸다. 궁예는 자신을 받아준 양길을 위해 지방의 여러 세력들을 정벌하며, 가렴주구를 자행하는 신라의 행정부서와 방어시설을 공격했다. 주천(영월군 주천면)·나성(영월)·울오(평창)·어진(울진) 등의 지역을 습격해 항복을 받아내고, 이미 신성한 종교적 역할은 상실한 채 귀족들의 부패의 온상으로 전락해버린 일부 사원들도 공격했다. 이미 습격당한 적이 있는 흥녕사도 공격하여 불을 질렀다. 이로써 892년 정벌에 나선 궁예는 명주에 입성하기 전인 894년까지의 짧은 기간에 영동 지역의 상당 부분을 자신의 판도 아래 두게 되었다. 궁예는 이제 신라를 위협하는 큰 세력의 하나로 떠올랐다.

신라 왕의 초상을
칼로 치다

    궁예는 험준한 태백산맥을 넘어 검푸른 대양, 동해의 파도
가 소리치는 울진에 이르렀다. 이곳에 이르는 도중 궁예는 깜짝 놀랄
만한 일을 벌였다. 그가 영주 부석사에 머무를 때의 일이다. 부석사는
신라 최고의 고승 의상이 창건한 사찰로, 왕실의 보호를 받으며 번영
을 누리고 있었다. 번영을 상징하듯 부석사 벽에는 신라왕의 초상이 그
려져 있었는데, 궁예가 이 초상화를 단칼에 내리친 것이다.《삼국사기》
찬술자는 "그 자국이 지금까지도 남아 있다"라고 기록하여 궁예의 반
신라적인 행동을 오랫동안 기억하도록 강조하고 있다.

한번의 칼질, 세상을 향한 출사표

궁예가 부석사에서 신라 왕의 초상에 칼질을 한 사건은 매우 파격적인 행동이다. 절에서 칼을 휘두르는 것만으로도 그러한데, 그 대상이 신라 왕이었다는 점에서 그 의미는 더더욱 심각하다. 아무리 신라와 신라 왕이 종이호랑이라고 해도 관념적으로나마 그 지위가 유지되고 있던 분위기 아래서, 궁예는 신라 왕의 초상을 단칼에 베어버린 것이다. 이 행동 때문에 궁예를 비정상적이고 난폭한 성격의 소유자로 보는 사람들도 있으나, 이 사건은 당시 시대적 분위기를 고려해볼 때 돌발적이고 비정상적인 행동이라고만 보기는 어렵다.

당시 신라에 대한 백성들의 원성은 하늘을 찌를 듯했다. 더욱이 진성여왕이 왕위에 오른 뒤 미소년들을 끌어들여 음행을 즐기는 등 국왕으로서의 임무를 소홀히하자 민심의 이반은 더욱 가속화되었고, 국가의 기강은 해이해질 대로 해이해져 신라 왕실은 지방의 주군들을 제대로 통제하기도 어려웠다. 또한 주와 군에서 마땅히 올라와야 할 조세가 오지 않아 신라 왕실에서 독촉하자 이에 반대하는 도적들이 지방에서 벌떼처럼 일어나 난을 일으켰다. 난을 일으킨 자들 가운데에는 지방의 실력가들도 있었지만 때로는 무리지어 돌아다니는 하층민들이 군도를 형성하기도 했다. 이들은 신라의 지방관아를 직접 공격하기도 했는데, 사벌주(상주)에서 일어난 원종과 애노의 난은 그 가운데서도 가장 치열했다. 또 적고적이라는 무리들이 횡행하기도 했다. 적고적이란 빨간 바지를 입은 도적이란 뜻인데, 홍건적처럼 오행적 사고와 관련된 천지 개혁을 꿈꾼 무리들이었다.

뿐만 아니라 이 무렵 사원에 대한 백성들의 인식도 매우 부정적이었다. 신라 하대의 사원은 종교적 역할을 거의 수행할 수 없는 상태였다. 실력자들은 스스로 사원을 지었는데, 종교적 심성에서 우러나온 행위가 아니라 사원의 면세권을 이용하여 재산을 은닉하는 장소로 삼으려 했던 것이다. 일부에서는 승려가 되어 귀찮은 역을 면하려는 도피처 기능으로 이용하기도 했다. 당시 사원은 백성들의 원망의 대상이 되어 사원에 불을 지르거나 약탈하는 일이 예사로이 벌어졌다. 앞서 살펴본 〈흥녕사 징효대사보인탑비〉에서도 절에 불을 지른 사례가 발견된다.

이러한 시대 분위기를 고려해볼 때 부석사에서 궁예가 취한 행동은 광기에 의해 돌발적으로 이루어진 것이 아니라, 오히려 당시 민심을 대변한 계산된 행동으로 볼 수 있다. 궁예의 칼질은 분노에 찬 백성들의 마음을 내변하는 칼질이었고, 궁예는 이 칼질로 자신을 따르는 무리들의 신라에 대한 적개심을 자극해 결속을 단단히하려 했을 것이다. 이러한 시대 분위기의 대변자로서 궁예가 내리친 칼질은 신라에 대한 미련을 버리려는 다짐이기도 했다. 신라를 정복하고 새로운 세상을 맞이해야 한다는 결심을 행동으로 보인 것이다.

이때까지도 그 많은 호족들 가운데서 극단적으로 반신라를 선언한 사람은 없었다. 스스로 장군이나 성주 등을 칭했을 뿐, 자신을 신라 왕과 대립적 위치에 두고 적대적으로 맞선 호족도 없었다. 아무리 신라 왕실의 권위가 떨어졌다고 해도 관념적인 지배가 허용될 여지는 있었던 시기였다. 궁예가 칼을 휘두른 훨씬 뒤에도 신라 왕의 권위는 어느 정도 유지되었다. 때문에 견훤은 왕을 자칭한 이후 신라를 습격하여 경애왕을 죽이고 나서도 감히 신라 왕이 되지 못했다. 반신라 감정이 커질 대로 커져 있었지만, 그래도 신라 왕은 '썩어도 준치'였다. 그런데 궁예는 이토록 강고하게 지속되어온 1천 년의 관념을 단칼에 끊어버렸다. 알렉산더가 '고르돈의 매듭'을 단칼에 끊어냄으로써 동방세계의 정복자로 군림했다면, 궁예는 부석사의 신라 왕 초상에 칼질을 함으로써 그의 새로운 시대를 여는 계기로 삼은 것이다.

부석사가 갖는 의미

궁예의 칼질도 칼질이거니와 부석사가 갖는 의미 또한 컸다. 사건을 좀더 선명히 이해하고, 그 의미를 파악하기 위해서는 부석사에 대해 알아둘 필요가 있다. 부석사는 676년 의상의 발원에 의해 창건되었는데, 그 세력이 엄청났다. 당시 사원은 자체 방어를 위해 승군을 소유하고 무력을 행사할 수 있는 집단이었다. 특히 부석사는 불국사가 창건되기 이전까지 가장 유명한 사찰이었으므로 세력도 그만큼 컸다.

그런데 궁예는 이곳을 불과 병력 1백여 기로 점령했다. 궁예가 이토록 쉽게 부석사를 점령할 수 있었던 비결은 어디에 있을까? 그 이유는 여러 가지로 생각해볼 수 있다. 먼저 궁예의 부대가 소수이긴 하지만 정예화된 군사였다고 추측해볼 수 있다. 그러나 궁예의 세력이 대부분 궁예의 친구들이었던 점을 고려하면 이 추측은 무리인 것 같다. 그보다는 궁예 자신이 수원승도였던 점을 내세워 부석사에 있는 그와 비슷한 처지의 사람들을 선동하여 손쉽게 점령하였다는 데 더 설득력이 있을 것 같다. 궁예가 신라 왕의 초상을 자신 있게 칼로 칠 수 있었던 배경도 이러한 맥락에서 해석이 가능하다. 따라서 부석사 점령 과정에서 궁예는 그를 추종하는 수원승도들을 비롯한 많은 하층민들의 지지를 얻었을 것이다.

● 부석사에서 바라본 소백산

실제로 당시 민심의 반신라적 성황은 상상을 초월한다. 원종과 애노가 주동이 되어 일으킨 난의 전개 과정을 보면 당시 상황을 짐작할 수 있다. 원종과 애노가 일으킨 반란은 그 기세가 드세어 이를 진압하러 간 관군이 두려운 나머지 쳐다보기만 할 뿐 감히 나아가지도 못하는 형편이었다고 하니, 당시 민중들의 불만이 어느 정도였는지를 짐작할 수 있다. 뿐만 아니라 궁예가 군사를 거느리고 죽령 동북 지방에 이르자, 신라 조정에서는 성주들에게 나가서 싸우지 말고 굳게 성만 지키라고 명령했다. 이 사실은 궁예 병력의 강성함과 신라 조정의 나약함을 알려주는 한편, 민란의 진행 상황이 신라 조정으로서는 도저히 막을 수 없는 지경에 이르렀음을 보여준다.

이러한 상황에서 궁예가 신라 왕의 화상을 칼로 친 사건은 민심을 결집시키는 데 매우 유용한 조치였다. 궁예는 부석사에서 껍질만 남은 신라를 과감하게 분쇄할 수 있다는 자신감을 갖게 되었다. 그에게 새 역사를 창조해야 한다는 소명의식이 있었는지에 대해서는 정확히 알 수 없지만, 적어도 궁예 자신이 신라에 내재된 모순을 극복해야겠다는 의지를 표명했다는 점에서 급진적인 행동이라고 할 만하다. 그리고 이 때 궁예는 정복활동에 대한 확실한 자신감도 얻게 되었다.《삼국사기》 찬자는 부석사에서 행한 궁예의 행동이 못마땅하여 기록해두었지만, 오히려 그 이면에 깔린 당시의 시대적 정서를 읽어낼 수 있는 것이다.

특별한 해, 894년

부석사에서 칼질로 민심을 사로잡은 궁예에게 894년은 특별한 해였다. 이해에 궁예는 영동지역에서 가장 핵심지역인 명주(강릉) 일대를 점령한다. 백두대간을 가로질러 울진에 도착하여 동해의 푸른 파도를 앞에 두고 궁예는 자신의 포부를 야무지게 다듬었다. 그러나 이곳에서 궁예는 더 이상의 남진은 어렵다는 것을 깨달았다. 신라의 중심부인 경주로 갈수록 반신라적 경향은 엷어져 갔고, 궁예의 군사력도 많지 않았다. 처음 양길에게서 받은 1백여 명에 친구들과 정복지역에서 보충한 군사력을 모두 합하더라도 아직은 6백여 명에 불과한 소규모 병력이었다. 이 병력으로 신라의 도읍을 향해 진격하는 것은 화약을 지고 불 속으로 뛰어드는 것과 다를 바 없었다. 그리하여 궁예는 남진을 중지하고 북상을 결정했다. 그리고 다음 목적지를 명주로 정했다.

명주 무혈입성, 점령인가 투항인가

궁예의 명주 공격은 이해 10월에 개시되었다. 명주는 '하슬라'라고도 불렸던 유서 깊은 도시로 이 일대의 중심지였다. 지금도 명주, 곧 강릉은 영동 일대에서 정치·경제·문화 등 여러 분야의 중심지이다. 당시 명주는 신라의 왕위쟁탈전에서 패배한 김주원이 추종세력과 함께 이주해 지배집단을 이루고 있었다. 지금도 그의 후손들이 맥을 이어오고 있을 만큼 김주원 일가는 이곳에서 왕과 같은 지위를 누렸는데, '명주군왕'이라는 묘와 강릉 시내에 있는 거대한 당간지주들이 그 옛날 이들의 영화를 증언하고 있다.

이러한 대도시를 궁예는 아주 쉽게 점령했다. 어쩌면 궁예가 점령했다기보다는 명주의 투항이라고 하는 게 옳을 듯하다. 명주를 공격할 당시 궁예의 병력은 6백여 명이었다. 치악산 석남사를 떠날 때의 1백여 명에서 6배가 늘어난 상태로, 요즘으로 치면 1개의 보병대대 정도의 병력이었다. 그런데 당시 강릉의 병사 수는, "궁예가 명주에 들어가서

● 명주군왕 김주원 묘

3천 5백 명을 14대로 나누었다"라고 한 기록으로 미루어 보아 최소 3천 명 이상이었을 것으로 평가된다. 궁예의 병력이 명주 점령 후 2천 9백여 명 가량 증가했음을 알 수 있으며, 이는 곧 명주에 그 이상의 군사 또는 군사로 전환 가능한 군사력이 주둔하고 있었음을 뜻한다. 또한 여기에 궁예의 병력으로 편성되지 않은 잔류군까지 가산한다면 명주에는 최소 3천 명 이상의 병력이 있었을 것이고 따라서 명주는 궁예의 군사보다 5배 이상의 병력을 보유하고 있었음을 알 수 있다.

일반적으로 전투시 공격하는 쪽은 방어하는 쪽보다 3배 이상 많은 군사력을 확보해야 한다고 한다. 그런데 궁예는 자신의 병력보다 5배나 많은 병력을 보유하고 있던 명주 공격에 성공하였다. 상식적으로 본다면 궁예는 명주를 공격하기 위해서 병력 9천을 확보해야 하는 것이다. 그럼에도 궁예가 5분의 1밖에 안되는 열세를 극복하고 승리를 얻었다는 것은, 일종의 도박을 벌여 성공한 것에 비유할 수 있을 것이다. 그 이유는 어디에서 찾을 수 있을까?《삼국사기》에서는 궁예가 명주를 점령할 때의 상황을 "궁예가 북원에서 하슬라로 들어가[入] 무리가 6백 명에 이르자 스스로 장군이라고 칭했다"라고 표현했다. 궁예가 명주를 싸워서 점령한 것이 아니라 '들어갔다'라고 기록하고 있는 것이다. '들어갔다'는 표현은 궁예가 점령한 여러 지역 중에서 유일하게 명주 지역에서만 사용되고 있다. 참고로 궁예가 점령한 지역에 대해 표현한 용례를 살펴보면, '격파擊破' '격취擊取' 등 전투를 매개로 한 승패 관계를 의미하는 것도 있고, '귀부歸附' 등 자진 투항을 뜻하는 것도 있다. 그런데 유일하게 명주만은 '들어갔다'라고 표현하고 있다. 이른바 무혈입성한 것인데, 어떻게 그것이 가능했을까?

이는 명주에서 궁예를 '영입迎入'했기 때문인 것으로 보인다. 좀 더 구체적으로 말하면 명주 내부의 계층간 대립이 궁예의 영입을 자초했고, 이 과정에서 궁예는 적은 병력으로 명주 세력을 휘하에 둘 수 있게된 것이다. 당시 명주 내의 세력 관계에 대해서는 잘 알 수 없다. 다만 뒷날 궁예가 축출된 뒤에도 왕건을 거역하고 독립적인 상태를 유지하면서 명주를 지배했던 김순식의 아버지가 궁예의 측근 참모이면서 승려인 허월이었던 점을 감안하면, 당시 궁예와 결탁한 세력은 명주 내의 허월과 김순식 등이었음을 알 수 있다. 궁예는 허월과의 밀접한 관계를 통해 명주에 들어갈 수 있었고, 명주도 어떤 필요에 의해 궁예를 영입했을 것이다.

이러한 추정은 당시의 시대적 상황을 고려하면 쉽게 이해할 수 있다. 신라 하대의 혼란 속에서 명주 내에서도 갈등이 발생하였는데, 이들은 자신들의 힘만으로는 그 문제를 극복할 수 없다는 것을 알고 있었다. 최언위가 지은 〈지장선원 낭원대사오진탑비〉에서는 899년 범일이 죽은 후 굴산사의 문호를 계승한 승려 개청이 농민들의 계속된 침입으로 더 이상 사찰을 유지하기가 어려웠음을 전하고 있다. 당시 명주 일대 농민들의 창궐은 9산선문의 하나로 이 일대의 중심 사찰인 굴산사를 위협할 정도로 위세가 대단했던 것이다.

이러한 상황에서 궁예의 명주 공격은 명주 내 불만세력을 규합하는 신호탄이 되었고, 일부 세력들은 외부세력을 끌어들여서라도 명주의 모순을 해결하려 했을 것이다. 그리하여 명주는 그 존재가 널리 알려졌을 궁예를 '영입'했고, 이러한 사정이 궁예가 장군을 자칭한 것이 아니라 추대를 받았다는 《삼국사기》 〈궁예전〉의 기사로 남게 되었을 것이다.

'막부장군'론

894년의 명주 점령은 궁예의 전 생애에 있어서 가장 중대한 일이라고 해도 과언이 아닐 만큼 큰 사건이었다. 장군에 추대되어 공식적인 활동을 전개할 수 있게 되었을 뿐만 아니라 조직적인 군대체계도 갖추게 되었기 때문이다. 여기서 궁예에게 주어진 장군이라는 칭호는 신라 정부나 그 외 나라의 관제에 속한 장군이 아니다. 신라의 신분사회에서 배제되어 하층민으로 전락해 스스로 반신라의 기치를 내건 궁예가 신라 왕실로부터 장군으로 임명받을 수 없는 것은 당연한 일이다. 자칭 장군이라는 엇갈린 기록도 있지만, 어쨌든 궁예는 신라 왕실에서가 아니라 아랫사람들의 추대를 받고 장군이 되었다. 곧 궁예가 얻은 장군이라는 칭호는 신라의 관제에 따른 장군과는 다른 성격이었고, 그의 군대 역시 신라의 군대가 아니었다. 양길의 영향을 받긴 했지만 궁예의 군대는 전장에서 함께 피와 땀을 흘린 인간적 관계로 뭉친 사병적 성격이 강한 집단이었다.

독립의 꿈을 자칭 '장군'에 담고

궁예가 장군이 되었다는 사실은 궁예 세력이 신라와 양길 모두로부터 독립적인 위치에 닿았음을 뜻한다. 국가로부터 수여받지 않은 직위로 장군을 칭한 자는 궁예가 처음이라는 점에서 그러하다. 그런데 궁예는 왜 다른 관직을 놔두고 하필 장군을 칭했을까? 이 점이 바로 궁예와 그의 세력을 이해하는 열쇠가 된다.

궁예가 장군을 택한 이유에 대해 당시 신라 무관직의 최고위직이 장군이었기 때문이라고 보는 설이 있다. 그러나 이는 쉽게 납득되지 않는다. 신라시대는 골품제 사회였기 때문에 그들에게 절실한 것은 관직보다는 신분이었다. 최고 신분인 성골이나 진골이 되면 왕도 될 수 있고 그 나머지 관직은 보장된 것이나 마찬가지였다. 실제로 《고려사》의 〈고려세계〉에는 왕건의 선조를 '성골장군'이라고 기록한 예도 발견된다. 따라서 구태여 궁예가 장군만을 택한 이유를 신라와의 관계에서 찾으려 한다면 한계에 부딪칠 수밖에 없다.

나는 궁예가 장군을 택한 이유를 막부제 영향 때문이라고 생각한다. 궁예가 칭한 '장군'이 바로 막부장군이라고 보는 것이다. 막부라는 용어는 군막, 즉 군사령부가 설치된 특수한 막사에서 유래하였다. 막부장군은 몇 가지 특징을 갖고 있는데, 그중 하나는 군막 설치의 권한은 장군만이 갖는 고유 권한으로 위로부터의 독립성이 확보된다는 점이고, 다른 하나는 장군과 막부와의 결합이 벽소라는 특수한 관계로 맺어진다는 점이다. 벽소는 제도적이거나 그 밖의 다른 강제로 발생하는 관계가 아니라 상하가 대등한 입장에서 자발적으로 심적·인격적으로 결합하는 양식이다. 곧 막부장군은 위로부터의 독립성을 확보하면서 내부에서의 비강제적인 인간적 결합 관계를 충족시키면서 존립하는 것이다. 궁예가 장군으로 추대받고 그 자신도 왕이 되기 이전까지는 다른 관직을 갖지 않은 것으로 보아, 이러한 막부제 장군에 대한 이해가 있었던 것 같다. 궁예 스스로도 독립성과 자율성을 확보하기 위한 최고의 수단을 막부제 하의 장군에서 얻으려고 했던 것은 아닐까?

이 대목에 오면 고려 최씨 무신정권기의 최우를 연상케 한다. 최우는 최고 실력자였음에도 장군 이상의 관직에 올라가지 않는다. 고려시대에 최고의 무관직은 상장군, 대장군, 장군의 순이었다. 그러니까 최우는 무관직에서도 세 번째에 해당하는 직위에 머물렀던 것이다. 당시 무소불위의 막강한 권력을 갖고 있었던 최우는 왜 그 정도 직위에 머물고 말았을까? 그 이유는 무신정권이라는 실력사회의 배경 아래서만이 설명이 가능하다. 이 시기는 국가의 제도적 장치에서 힘이 나오기보다는 실력 있는 사람에게서 힘이 나왔다. 곧 자신의 집에서 인사를 비롯한 국가의 중요한 일들을 처리할 만큼 실질적인 권한 행사를 할 수 있었던 최우는, 구태여 높은 지위에 올라 불필요한 오해와 마찰을 조장할 필요가 없다고 생각했던 것이다. 마치 일본의 쇼군이 천황을 넘보지 않은 것처럼 말이다.

막부장군으로 보는 몇 가지 이유

마찬가지로 궁예도 굳이 소모적인 마찰을 일으킬 필요가 없었다. 성
골이니 진골이니 해봐야 실력이 없으면 아무것도 아니라는 나름대로
의 대세관을 갖고 있었던 것이다. 또한 이미 당시 사회정세가 실력사회
였으므로 외형적인 권위가 무시되고 있었다. 그렇다면 궁예는 이러한
막부제 원리를 어디에서 배웠을까? 이는 당시 중국의 사정에서 채용해
온 것으로 추정해볼 수 있다. 당시 신라에는 많은 도당 유학생들이 있
었고, 이들 가운데는 당에서 외국인들을 대상으로 실시한 빈공과에 합
격해 당 조정에서 활동하다 돌아온 사람들도 있었으므로, 이들을 통해
당의 사정을 어느 정도는 알 수 있었을 것이다.

이 무렵 중국에서는 많은 절도사(군벌)들이 반독립적인 형태로 할거
割據하고 있었다. 안록산과 사사명의 난 이후 당 왕조는 통일국가라고
는 할 수 없는 상황이었다. 8세기 중엽부터 시작된 절도사들의 항거는
전국으로 확대되었는데, 이들은 점차 자신들의 관할 지역을 영지로 삼
고 세습하는 경우마저도 생겼다. 이들 절도사들은 막부를 연 장군들이
었다. 이러한 절도사의 발호는 약간의 조정을 거치긴 했지만, 독립성은
더욱 강화되었다. 마침내 황소의 난으로 당 왕조는 뿌리부터 흔들렸고,
드디어 황소의 부장이었던 주전충이 당을 멸망시키고, 907년 제위에
올라 후량 왕조를 출범시킴으로써 5대 10국이라는 새로운 국면이 열
렸다. 이처럼 8세기 중엽 이후 지방세력들의 발호는 중국을 10세기 이
후의 분열로 이끌었다.

당시 최치원은 〈토황소격문〉을 지어 난을 진정시키는 데 기여했다
고 한다. 물론 최치원의 문장 하나로 황소의 난이 진정될 리는 없었을

것이나 그런 말이 떠돌 정도였다면 〈토황소격문〉의 내용이 난민들의 심금을 울린 것은 사실일 것이다. 또한 이는 그만큼 최치원이 당의 사정에 밝았다는 의미도 된다. 이런 도당 유학생들을 중심으로 중국의 사정이 국내에 잘 전해졌을 것이고, 궁예도 중국 사정에 대해 어느 정도는 알고 있었을 것이다.

궁예는 이러한 중국의 사정을 알고 장군을 칭하였던 것은 아닐까? 궁예는 장군이라는 호칭을 사용함으로써 왕이 되고자 하는 야심을 은폐할 수 있었을 것이고, 많은 하층민들로부터 역적이라는 비난을 피할 수도 있었을 것이다. 그런 한편 막부장군의 고유한 권한인 막부를 열어 독립성을 확보할 수도 있었을 것이다. 그래서인지는 모르지만 궁예는 왕이 되기 전까지 어떠한 직함도 보태지 않는다. 이에 비해 견훤은 외교문서에 '신라서남부도통……한남군개국공'이라고 서명하여 신라로부터 책봉받는 형식을 취한다. 그러나 궁예는 외부로부터 책봉을 받고자 했다는 기록도 찾아볼 수 없다. 이는 달리 생각하면 견훤 스스로가 신라의 지방관으로 자족했던 데 비해 궁예는 장군만을 칭함으로써 실력사회에서 관직의 무용성을 보였다고 할 수도 있다. 궁예가 장군이 된 이후로 여러 호족들 사이에는 장군, 성주, 성주장군 등의 칭호를 자칭하는 사례가 늘어난다. 이러한 현상이 나타나게 된 것은 궁예의 영향이 적지 않았을 것이다.

더불어 즐거움과 고통을 함께하고

궁예가 막부장군이었다는 흔적은 부하들과의 관계에서 찾아볼 수 있다. 이들의 관계는 마음이 통하는 인간적 관계였다. 궁예는 명주에 들어간 후 병력 3천 5백 명을 14대로 나누고 사상을 부장으로 삼았다고 한다. 이 사실은 궁예가 군대를 일정한 부대 형태로 편성하여 하나의 군사조직을 형성했음을 뜻한다. 그런데 궁예와 부하들과의 관계가 직제상의 상관과 부하의 관계 이상이었음을 알려주는 기사가 나온다. 궁예는 "더불어 고생과 즐거움을 함께하고 심지어 빼앗은 것도 공정하게 하여 사사로움이 없었으므로 많이 사람들이 마음으로 경외하고 좋아하여 장군으로 추대했다"고 한다. 이 사실은 궁예와 휘하 장졸 사이의 관계가 관료제적인 행정조직이라기보다 심적·인격적으로 맺어진 관계였음을 말해준다. 즉 궁예의 조직은 벽소에 의해 운영되었던 것이다. 마치 고려 무신집권기의 집정 무신 가운데 한 사람인 경대승과 도방 무사들과의 관계를 보는 듯하다. 경대승은 자신의 도방 무사들과 숙식을 함께하며 인간적 관계를 돈독히 했다. 이 상태야말로 비강제적인 인간적 관계로서 장군 막부제의 근거로 삼을 만한 자료가 된다.

궁예와 사상과의 관계도 막부제론을 보강하는 근거가 된다. 사상은 사지舍知와 같은 뜻인데, 사지는 사인舍人의 신라식 표기로 가인家人이라는 뜻을 갖고 있다.《삼국사기》에서 사지나 사인들을 왕의 측근 혹은 심복으로 표현하고 있는 것은, 사인이 가인에서 기원했기 때문이라고 한다. 중국의 경우 사인은 전국시대부터 임협집단任俠集團의 중요한 성분의 하나로 출현한 이후, 한나라 때에는 태자의 속관으로 편입되었다가 진나라 때부터는 장군 막부에 참여하여 중요한 기능을 담당했다. 사인이 막부의 성분이 된 까닭은 말할 필요도 없이 사인의 본래적 성격, 즉 주인과 사인의 개인적·인격적 통합 관계 때문이다.

궁예는 이러한 성격의 사상을 군사를 거느리는 우두머리인 부장으로 삼았다. 이들의 이름은《삼국사기》〈궁예전〉에 '金大黔毛昕長貴平張一'이라고 기록되어 있다. 이들의 이름을 어떻게 끊어 읽을 것인가도 논란이 되고 있는데, 나는 이를 금대·검모·흔장·귀평·장일로 읽는 쪽에 따른다. 그리고 이들의 출신에 대해 평창·홍천 등 강원도 일대의 호족 출신이라고 보는 견해도 있지만, 그보다는 궁예와 전장에서 생사고락을 함께했던 인물들이라고 보는 것이 더 타당할 것 같다. 이들의 흔적을 발견하기가 어렵기 때문이다. 만약 궁예의 부장들이 호족이 되었다고 하더라도 그 시기는 궁예의 명주 점령 이후부터이며 그 이전은 아니었을 것으로 여겨진다. 이러한 점을 볼 때 궁예와 그를 따르는 사람들의 만남은 강제적 수단보다는 전장에서 동고동락하며 자연스럽게 이루어졌다고 해야 할 것이다.

우회전략,
서진에서 북진으로

명주 지역이 안정되자, 정복활동에 나선 궁예가 처음 진출한 곳은 명주 북쪽 고성 일대였다. 북진이 궁극적인 목표는 아니었지만, 서진하게 되면 바로 양길과 부딪히게 되어 우회전략을 택한 것이었다. 양길의 점령 지역인 북원과 국원은 요충지일 뿐만 아니라 경제적 조건도 명주 일대보다는 나았다. 풍부한 물산의 확보는 군사를 기르고 전쟁을 치르는 데 필수적 요소이다. 따라서 북원과 국원 일대의 장악은 궁예로서도 더할 나위 없이 바라는 바였다. 그러나 양길의 세력은 궁예가 넘볼 만큼 호락호락하지 않았다. 양길은 최소 30여 성 이상을 관할하는 세력이었다. 궁예가 자립했다고는 하지만 3천 5백 명 정도의 군사로 북원과 국원을 호령하는 양길과 대적하기에는 중과부적이었다. 결국 궁예는 우회전략을 선택했고, 그것이 북진으로 나타난 것이다. 궁예는 자신의 세력이 커질 때까지 양길과의 직접 접촉을 피하고, 명주 북쪽의 고성·간성 등지로 진출하여 이 일대를 자신의 세력 아래로 편입시켰다.

북진에서 서진으로

궁예의 북진은 비교적 순조롭게 진행되었다. 그러나 북진에도 한계가 있었다. 발해와 말갈이 그의 전진을 막은 것이다. 당시 발해의 중심부에서 볼 때 궁예의 북진 지역은 발해의 변방에 해당하는 곳이자 말갈족의 거주지였다. 발해는 국가의 중심부를 고구려족 거주지역과 고구려족 통치지역으로 하고, 변방은 피지배민족인 말갈족 등의 거주지로 하여 통치하고 있었다. 그런데 이 무렵, 발해의 피지배민족 내에서도 민족적 자각이 싹터 반기를 들며 지배를 거부하는 사태가 빈발하였다. 따라서 반독립적 상태에 있었던 이들은 외부로부터의 어떠한 침입도 거부하였다. 이들이 궁예에게 심하게 저항했음은 예상하기 어렵지 않다.

궁예는 더 이상 북진이 어렵다는 것을 깨달았다. 말갈의 저항 때문이기도 하지만, 한편으로는 말갈과의 전투를 통해 전력이 손상되면 이로울 것이 없다는 판단이 섰기 때문이다. 궁예의 목표가 말갈을 평정한다거나 발해의 본거지를 점령하는 것이 아닐 바에는 어차피 북방으로의 진출은 처음부터 한계가 내포되어 있었다. 그렇다면 궁예로서도 언젠가는 치러야 할 양길과의 일전을 미룰 필요가 없었다. 결국 궁예는 서진을 결심하였다.

영동에서 영서로 넘어올 수 있는 길은 많지 않다. 지금도 명주 북쪽에서 서쪽으로 넘어오는 길은 대관령 · 미시령 · 구룡령 · 한계령 · 진부령 정도가 있을 뿐이다. 이 중에서 궁예는 한계령, 혹은 그 이북에 위치한 고개를 이용했을 것이다. 대관령이나 미시령을 넘으면 바로 북원의 양길 영역으로 들어가게 되고, 구룡령은 홍천 서면으로 들어가게 된다. 그런데 홍천 또한 양길의 세력이 미치는 곳이었다. 이처럼 대관령 · 미시령 등은 양길과 접전해야 하는 위험부담이 있는데 비해 북쪽에 있는 한계령과 진부령은 양길 세력권으로부터 비교적 벗어난 지역이었다. 특히 한계령은 정상부에 한계산성이 있어 예부터 방어에 관심을 기울인 중요한 교통 요지였다. 궁예는 카르타고의 한니발이 로마의 배후를 기습하기 위해 스페인에 상륙하여 알프스를 넘었던 것처럼 우회전략을 택하였던 것이다. 895년 궁예는 드디어 백두대간을 동쪽에서 서쪽으로 넘어, 저족(인제) · 생천(화천) · 부약(김화) · 금성 · 철원 등 10여 군현을 차례로 점령했다.

패서 호족들이 휘하로……

서진을 하면서 점차 힘을 불려간 궁예 세력은 철원에 이르러 그 기세가 한층 강해졌다. 철원에서는 호족들의 귀부도 귀부이거니와 농민을 비롯한 많은 하층민들의 지지가 컸다. 도피안사에 있는 〈비로자나불조상기〉를 통해 이러한 사정을 알 수 있다. 비로자나불을 만들기 위해 1천 5백여 명이나 되는 많은 사람이 참가하였는데 이 가운데 대부분은 농민이었다. 이들이 비로자나불을 조성하는 데 적극적으로 참여한 사상적 배경은 말세의식에서 비롯되었다고 한다. 이러한 말세의식은 다른 지역보다 특히 철원 지역에서 심하였고, 이들은 내세불인 미륵을 희구하였다고 한다.

한편 궁예의 서진으로 이 일대 권력구조에 변화가 일어났다. 하늘을 찌를 듯한 궁예 군사들의 사기에 겁을 먹은 많은 호족들이 자진하여 궁예에게 귀부한 것이다. 특히 패서 호족들의 귀부는 궁예에게 큰 힘이 되었다. 패서지역은 문자 그대로 패수 서쪽을 의미하는데, 패수란 지명은 일반적으로 대동강

● 도피안사 철조비로자나불

으로 알려져 있지만 시기에 따라 달라져 청천강, 압록강을 의미할 때도 있었다. 이 무렵의 패수는 예성강을 가리킨다. 이처럼 같은 지명이 시기에 따라 각기 다른 지역에서 사용되는 까닭은, 어떤 한 집단이 이동하여 새로운 지역에 들어가면, 그 지역에 자신들에게 익숙한 지명을 붙이기 때문이다. 동해안에 남대천이 여럿 있는 것도 이런 연유에서이다.

패서지역은 신라가 이 일대를 합병하기 이전에는 고구려지역이었으며, 또 신라에 병합된 뒤로도 가장 먼 변방에 위치해 있었던 까닭에 중앙의 통제를 비교적 덜 받았다. 따라서 신라 하대가 되면 이 일대에서

도 자신들의 정체성을 찾기 위한 움직임이 활발하게 일어났다. 이들에게 있어서 고구려의 지역정서가 왕성하게 나타나고 있었다. 평산 일대의 호족인 평산 박씨는 자신들의 수장을 장군을 의미하는 고구려어인 '대모달'이라고 불렀다.

패서 호족들의 고구려로의 회귀 움직임은 어찌 보면 당연한 것이기도 했다. 이 지역은 넓은 평야에서 생산되는 농업 생산물과 벽란도를 중심으로 한 활발한 해상활동으로 인한 무역수입, 그리고 국제적 안목까지 갖추고 있었다. 반도의 동쪽에 치우친 경주보다 더 빨리 중국으로부터 선진문화를 들여올 수 있었던 장점도 있었다. 이러한 경제력과 문화적 자부심을 가진 패서 호족들이 신라 중앙정부의 통제가 해이해지자 정체성 확립에 관심을 가지게 된 것은 지극히 당연한 현상이었다. 어쨌든 궁예로서는 패서 호족들의 귀부로 중부지역 패자의 위치에 한 걸음 더 가까이 다가가게 되었다.

한편 궁예는 이 무렵 정사에 유일한 부인으로 나오는 강씨와 혼인을 한 것 같다. 부인 강씨의 본관은 신천인데, 신천 강씨는 이 일대의 대호족으로 알려져 있다. 강씨는 뒷날 후삼국을 통일하는 왕건가와도 관련이 있는 것으로 되어 있다. 궁예와 강씨의 만남은 무력을 소지한 장군 궁예와 대호족 신천 강씨와의 일종의 정략결혼 형태였을 것으로 여겨진다. 뒷날 왕건이 호족들과 제휴하면서 이용한 정략결혼과 같은 형태로 보인다.

어쨌든 패서 호족이 궁예의 휘하에 들어오게 됨으로써 궁예의 판도는 동해와 서해를 연결하는 형상이 되었다. 비록 한강 유역을 확보하지는 못했지만, 한반도의 중부지방을 관통하게 된 것이다. 궁예가 개국을 염두에 두고 내외관직을 설치한 시기가 바로 이때이다.

3년 만에 홀로 선
성공의 비결

궁예는 짧은 기간에 독립했다. 891년 기훤에서 투탁하여 894년에 장군이 되었으니 만 3년 만이다. 더욱이 궁예는 아래서부터 출발하여 큰 세력을 확보했다. 그 비결은 무엇일까? 혹자는 궁예의 외가가 대단히 실력 있는 가문이었으므로, 그 외가의 음덕으로 주변 호족들과 연합해 세력을 형성해 나갔을 것이라고 한다. 궁예의 정치적 성격을 호족연합정권의 차원에서 평가하는 견해다. 그러나 궁예는 외가의 음덕을 입지 않았다. 그의 외가에 대해 알려진 바도 없는데, 외가의 세력기반을 이용하여 성장했다고 보는 것은 무리한 추정이다.

난세의 영웅으로 떠오를 수 있었던 비결

궁예의 성공 비결에 대한 해답은 무엇보다 그의 개인적인 자질에서 찾아야 마땅하다. 궁예가 선대로부터 물려받은 어떠한 기반도 찾을 수 없기 때문이었다. 그는 출생과 동시에 왕실에서 버림받았고, 세달사에서도 노동이나 하는 신분이었다. 이처럼 초년 환경이 원만하지 못했던 그에게 어떤 지지기반이 있었다고 보기는 힘들다.

그렇다면 과연 궁예의 어떤 능력들이 그를 난세의 영웅으로 만들었을까? 그 이유 중 하나를 궁예의 다양한 정벌 형태에서 찾아볼 수 있다. 그가 점령한 지역에 대해 《삼국사기》에서는 '습', '격', '격파', '격취', '공위', '내항', '내투', '항', '귀복' 등 다양한 표현을 사용하고 있다. 그런데 이 표현들은 어의에 따라 일정한 의미를 내포하고 있다. 예컨대 왕건이 점령한 지역에 대해서는 공통적으로 '벌'이라는 표현으로 일관하고 있는데, 이는 '벌'이 천자가 반역의 무리를 점령할 때 쓰는 용어이기 때문이다. 그러니까 《삼국사기》 찬자는 여러 전투를 일정하게 자신의 기준으로 구분했던 것이다. 이러한 표현방식으로 미루어보면 궁예의 점령방식을 표현하는 데도 일정한 원칙을 적용하여 서술했다고 생각할 수 있다. 이에 따라 궁예가 점령한 지역을 구분해보면 '습', '격', '격파', '격취', '공위' 등으로 표현된 공격적 방법에 의한 강제적인 점령 지역과, '내항', '내투', '항', '귀복' 등으로 표현된 피점령지의 자발적인 복속지역으로 구분할 수 있다. 이처럼 궁예가 여러 지역을 다양한 방법으로 점령할 수 있었다는 것은 그의 능력이 그만큼 탁월했음을 보여주는 것으로 이해해도 무방할 것이다.

일반적으로 궁예라고 하면 약간은 무모해보일 정도로 과단성 있는 무장으로서의 모습이 먼저 연상될 것이다. 그러나 실제 궁예는 다양한 전략과 전술을 구사하면서 정벌지역을 확대해나간 지장의 면모를 보인다. 공격할 때도 습·격·격파·격취와 같은 맹공을 퍼붓는 한편, 공위와 같은 포위공격을 벌여 항복을 얻어낸 경우도 있었다. 더욱이 귀부해 온 세력에 대해서는 존재를 인정하여 함께하는 융통성 있는 정책을 펼치기도 하였다.

또한 궁예는 필요하다면 호족들과의 연합을 통해서도 세력을 키워나갔다. 또 명주 정벌에서 보는 바와 같은 '영입'을 한 덕장의 모습도 가지고 있었다. 이처럼 다양한 방법을 동원할 줄 아는 궁예의 탁월한 자질은, 그를 후삼국의 지도자 중 가장 광대한 지역의 통치자로 만든 첫 번째 요인이었다.

용장 견훤, 덕장이자 지장인 왕건과 궁예

궁예의 자질은 당시 그와 쟁패를 겨루었던 견훤, 그리고 궁예를 몰아내고 왕이 된 왕건과 비교해보면 흥미롭다. 물론 세 사람을 동시에 비교할 만한 자료나 이들의 행적에 대한 자료가 많지 않은 형편이지만 나름대로 추정해보면 이렇다. 궁예가 공평무사한 지휘관이었다면 그에 비해 견훤은 통솔보다는 지휘를 더 중시했던 인물이었고, 왕건은 지휘보다는 통솔에 더 관심을 가졌던 지휘관이었을 것이다. 물론 세 영웅은 지휘나 통솔 어느 것 하나 나무랄 데가 없었겠지만, 굳이 비교하자면 그렇다는 것이다.

궁예는 열악한 처지에서 몸을 일으켰으므로 무엇이든 완벽을 가하지 않고서는 자기 기반을 확보할 수 없었을 것이고, 그런 점에서 지휘와 통솔을 골고루 구사하는 데 중점을 두었던 것 같다. 이에 비해 견훤은 신라의 무장으로 출세한 인물인 만큼 군인으로서의 탁월함이 있었던 것 같다. 《삼국사기》 〈견훤전〉에서는 그가 어렸을 때 호랑이의 젖을 먹고 자랐으며, 장성해서는 체구가 매우 크고 지기가 활달하고 비범했다고 전한다. 특히 서남해 방수에 나가서는 창을 베개로 베며 적을 기다렸고, 그 용기가 항상 병사들에 앞섰다고 하니 견훤 군대의 엄정함은 상상하기 어렵지 않다.

한편 왕건은 대호족 출신으로 경제적인 어려움 없이 성장했으므로 아무래도 덕스러운 면이 남달랐던 것 같다. 왕건은 통일을 위해 다른 사람에게 후히 베풀고 자신을 낮추는 '중폐비사' 정책을 취했다. 왕건의 이러한 외교적 술수는 그가 상인 집안 출신이라는 것과 무관하지 않을 것이다. 《고려사》에 왕건이 자신을 낮추어 많은 사람들의 존경을 받았다는 기록들이 보이는데, 이는 왕건을 미화하려는 의도도 있겠지만 실제로도 크게 다르지 않았을 것이다. 왕건은 견훤과의 덕진포 전투에서 상대의 군세를 보고 겁을 먹은 병사들에게 "전쟁에서 이기고 지는 것은 군대의 의지 통일에 있는 것이지 군사가 많고 적음에 있는 것이 아니다"라는 말을 하여 사기를 북돋아 승리를 이끌어냈다. 이를 보면 왕건의 통솔력이 남달랐음을 미루어 짐작할 수 있다. 단편적인 자료이긴 하지만 이를 바탕으로 전장에서의 세 사람을 나름대로 분류하면 견훤은 용장, 궁예와 왕건은 지장이거나 덕장이다.

이 세 사람을 일본 전국시대를 풍미한 일본사의 오다 노부나가 · 토요토미 히데요시 · 도쿠가와 이에야스와 비교해보자. 일본에서는 이 세 사람의 자질을 울지 않는 새를 울게 하는 방법에 빗대어 비교한다. 곧 오다는 칼로 울지 않는 새의 목을 치고, 토요토미는 지략을 써서 새를 울게하며 도쿠가와는 새가 울 때까지 기다린다는 것이다. 여기에 후삼국시대의 세 영웅을 연결시켜보면 견훤은 오다, 궁예와 왕건은 히데요시와 도쿠가와에 대입할 수 있을 것이다.

지도자로서의 궁예의 자질론

궁예의 자질을 뒷받침한다고 할 수 있는 그의 성격에 대해 살펴보자. 《삼국사기》〈궁예전〉에 따르면 그의 성격은 크게 세 시기로 나누어 볼 수 있다. 초기는 세달사에 투탁하여 원주의 양길에게 몸을 맡기기 전까지, 중기는 양길 휘하에서 실력을 쌓고 마진국을 열 때까지, 말기는 마진국 이후 왕건에게 정권을 빼앗길 때까지다.

어렸을 적 궁예의 성격은 반항적이었던 것 같다. 이 무렵의 기록을 보면 "나이 10여 세가 되도록 노는 것을 마다하지 않았다"라든지, "승률에 구애받지 않고, 기상이 활발하여 담기가 있었다" 등으로 표현되고 있다. 또 하루는 재를 올리는 행렬에 있을 때 까마귀들이 궁예의 바리때 속에 왕이라는 글자가 쓰인 아첨을 떨어뜨리고 가자, 이를 보고 자부심을 가지기도 했다고 한다. 이런 점에서 궁예는 다소 반항적이지만, 활발하고 자신감 있는 성격이었던 것 같다.

한편 중기의 궁예는 지도자로서 완벽한 자질을 갖춘 인물이자 친화력 있는 인물로 성장하였던 듯하다. 세달사를 떠나 죽주의 기훤에게 갔다가 푸대접을 받고 다시 양길에게 간 궁예는 기훤 휘하에 있던 신훤·원회와 '친구' 관계를 맺는다. 짧은 기간 내에 친구 관계를 맺고 함께 양길에게 갈 정도라면, 궁예의 친화력과 포용력이 매우 뛰어났음을 알 수 있다.

또한 이 무렵의 궁예는 부하를 아끼고 사랑하는 공명정대한 지휘관이었다. 궁예를 부정적으로 그린 《삼국사기》에서조차 궁예가 "사졸과 함께 달고 쓰고 힘들고 편안함을 같이하며, 주로 빼앗고 하는 데 있어서도 공으로 하고 사로 하지 아니했다"라고 기록하고 있다. 사졸과 함께하는 통솔력과 매사를 공적으로 처리하는 엄정한 지휘관을 겸비하였던 것이다.

그러나 말년으로 가면서 궁예의 성격은 초기 및 중기와는 사뭇 다른 모습을 보인다. 《삼국사기》의 기록에 따르면 궁예는 부인 강씨와 두 아들을 죽인 후부터 의심이 많고 화를 잘 냈으며, 여러 보좌관과 장수 관리는 물론이고 아래로 평민에 이르기까지 많은 자를 죄 없이 주륙하여, 부양·철원 일대 사람들이 그 해독에 견디지 못했다고 한다. 이런 사정을 보면 말년의 궁예의 성격은 전·중기와는 크게 달라진 것 같다. 일반적으로 궁예의 전부인 것처럼 인식되어온 궁예의 성격은 바로 이 말기의 것이다. 그런데 공평무사하고 공명정대했던 궁예가 갑자기 이처럼 달라진 데는 이유가 있을 것이다. 그 까닭은 궁예 주변의 환경이 변화한 데서 찾을 수 있다. 이에 대해 많은 연구자들이 《삼국사기》의 기록에 따라 궁예가 어려서 신라 왕실로부터 버림받았기 때문이라고 보고 있으나, 그보다는 그가 성장하면서 접했던 여러 과정의 영향으로 보는 것이 올바른 것 같다. 따라서 궁예 말년의 성격만을 가지고 그를 파악하려고 하는 것은 옳지 않다.

궁예의 말년 성격에 대해 좀더 구체적으로 알기 위해서는, 그가 왕이 된 이후의 시대적 배경에 관한 이해가 선행되어야 한다. 궁예는 왕이 된 뒤에 개혁을 시도하는데, 그 범위가 상당히 넓고 깊었다. 국호, 연호 등 국체와 관련된 부분에서부터 관제, 관등 등 모든 분야에 걸쳐 진행 되었다. 그런데 궁예의 개혁은 기존 세력들의 이익을 보호하는 차원이 아니라 문자 그대로 혁명적인 개혁이었다. 그 일례가 관계의 변혁이다. 궁예가 만든 관계 체계는 신라의 골품제를 근본적으로 개혁한 것으로 궁예식의 관계를 따르면 종전 신라 귀족들의 기반은 완전히 무너져버 리게 되었다.

물론 개혁의 폭이 큰 만큼 저항도 컸다. 무엇보다 반궁예적 성향의 세력이 성장하게 된 것이 큰 위협이 되었는데, 특히 왕건과의 대립은 궁예를 곤혹스럽게 하였다. 궁예가 고려라는 국호를 폐기하고 마진을 표방하면서 이들의 대립이 본격화되었고, 그때부터 궁예 세력은 위축 되었다. 이를 극복하기 위한 노력으로 잦은 천도 및 국호, 연호 등의 개 정이 있었지만 모두 수포로 돌아갔다. 궁예가 말년에 미륵관심법과 같 은 종교적 관행을 강요하게 된 것도 자신의 세력기반이 취약해짐에 따 라 취해진 조치로 보인다. 아마도 궁예는 독특한 수행관행이 요구되는 미륵관심법을 내세워 사상적인 결속을 꾀하려고 했던 것 같다. 어쨌든 궁예는 급기야 자신의 부인과 두 아들을 죽일 정도에까지 이르렀고, 그 만큼 상당히 절박한 상황에까지 몰렸다. 궁예 말년 태봉의 정치 상황을 보면 어떤 사람이 그 자리에 있어도 정상적인 활동을 하기가 불가능할 것이라고 생각하게 된다. 그런데 이를 두고 궁예가 어렸을 때 받은 충 격으로 정신분열이나 과대망상과 같은 병리적 현상을 갖게 되었다고 이해해서는 곤란하다. 그러한 정신질환자에게 어떻게 그 많은 사람들 이 기대어 개국을 하려고 했겠는가?

한편 궁예의 성격에 대한 단재의 견해가 매우 흥미로워 소개하고자

한다. 단재는 궁예의 한쪽 눈이 멀게 된 이유를 이야기하며 그의 심술
궂은 성격 때문이라고 하였다.《삼국사기》에 궁예의 유모가 궁예를 구
할 때 실수로 눈을 찔러 애꾸가 되었다고 한 것과 달리, 그 원인이 놀부
보다 더한 심술 때문이라고 한 것이다. 궁예의 역사 복원에 크게 유용
한 자료는 아니지만 착상이 기발하여 인용해둔다.

　　궁예가 지금도 심술이 많지만 소시에는 더하였던가 보더라. 애호박에
말뚝박기, 물동이에 팔매질하기, 노는 아이 때려주기, 이따위 가지 각색
의 못된 심술은 다 가졌던가 보더라. 그런데 궁예의 동무에 꾁룡이란 아
이가 있는데 꾁룡이는 또 욕심 많기로 아마 이 세상에 제일이었던가 보더
라. 하루는 궁예와 꾁룡이가 함께 합천 해인사로 놀러갔더란다. 해인사 대
웅전의 부처님이 좀 영검하냐? 두 사람을 보시고 입을 여셨다. "너희들이
내게 무엇을 빌려느냐? 누구든지 먼저 비는 놈보다 나중에 비는 놈에게
는 갑절을 주리라" 하셨다. 그래 꾁룡이는 욕심이 많은 놈이라 어디까지
든지 제 욕심에 차도록 복을 많이 달라고 싶지만, 하나 부처의 하신 말이
있는즉, 제가 만석꾼 되기를 원하면 궁예는 2만 석이 될 것이요, 2만 석꾼
되기를 원하면 궁예는 4만 석이 될 것이요…… 그 밖에 무엇을 받든지 먼
저 비는 날이면 궁예가 저보다 갑절을 차지할 것이다. 그래 꾁룡이가 궁
예더러 먼저 빌라 했다. 그는 꾁룡이 생각에 무슨 복이든지 궁예보다 갑
절을 더 차지하려 한 것이지만 궁예는 심술이 많아, 저 잘 되는 것보다 남
못 되는 것을 더 바라는 놈이다. 그래 궁예가 나서서 "제 눈 하나를 멀게
하여 주옵소서" 했다. 아하, 얼마나 영검한 부처님이냐. 그 즉시에 궁예는
눈 한쪽 멀고, 꾁룡이는 그 갑절로 두 눈이 다 멀었다. 대왕이 오늘까지 그
심술이 그저 남았다.

궁예와 오기가 닮은 점

앞서 말한 여러 가지 탁월한 점 중에서 가장 돋보이는 것은 궁예의 지도력이다. 궁예의 지도력은 부하들에 대한 인간적인 애정에서 비롯되었다. 공평무사한 동고동락이 그가 추앙받는 장수가 된 근본이었던 것이다. 특히 부하들과 '동고동락' 하였다는 내용은 오기의 일화를 연상케 한다.

어느 날 오기는 한 아주머니가 실성한 듯이 중얼거리며 거리를 돌아다니는 것을 보고, 그 모습이 기이하여 까닭을 물었다. 그러자 아주머니는 평평 울면서 말하기를 자기 아들이 오기의 부하가 되었으니 슬프지 않느냐는 것이었다. 그래서 오기가 그 까닭을 다시 물었는데, 아주머니의 대답이 뜻밖이었다. 아주머니의 남편이 오기의 부하가 되어 참전했는데, 상처가 나 곪게 되자 오기가 입으로 빨아 치료해주었다고 한다. 그 후 전투가 시작되자 남편은 누구보다도 먼저 돌격하여 가장 먼저 죽었다고 한다. 그러니 이제 아주머니의 아들도 남편처럼 틀림없이 남보다 먼저 죽을 것이라는 말이었다.

이 이야기는 장군이 지녀야 할 미덕 가운데 하나가 무엇인가를 알려준다. 그것은 바로 부하에 대한 사랑이며, 덕을 널리 쌓는 것이다. 지휘관이 부대를 잘 이끌기 위해서는 지휘와 통솔의 운용원리를 잘 지켜야 한다고 한다. 두 가지는 비슷한 것 같지만 차이가 있다. 지휘는 법과 기강을 잘 지켜 군기를 유지함으로써 부대가 일사불란하게 움직이도록 하는 것이고, 통솔은 인격적으로 믿고 따르게 함으로써 사기를 올리는 것이다. 군기가 선 부대는 질서는 있으나 용맹성이 떨어지고, 사기가 오른 부대는 용감하기는 하지만 통제가 잘 되지 않아 흐트러지는 단점이 있다. 이 두 가지가 잘 겸비되어야 효과적으로 부대를 운용할 수 있고, 그래서 지휘와 통찰력은 쌍두마차에 비유된다. 쌍두마차는 두 마리 말이 균형 있게 잘 달려야 앞으로 나갈 수 있으며, 한 마리가 움직이지 않으면 결국 둘다 넘어지게 된다. 마찬가지로 지휘와 통솔도 한쪽만 강조하면 부대는 운용되지 않고 한쪽으로만 치우치게 된다. 부하의 고름을 입으로 빨아낸 오기의 행위와 궁예가 부하들에게 공평무사하게 전리품을 나누어주며 동고동락했다는 사실은 비교해볼만하다.

한편 지도자로서 갖추어야 할 지모에서도 궁예는 남달랐던 것 같다. 손자는 장수의 자질로 '지智'·'신信'·'인仁'·'용勇'·'엄嚴'을 꼽는데 비해 오자는 '이理(조직 관리 능력)', '비備(준비)', '과果(과단성)', '계戒(조심성)', '약約(법령의 간소화)'을 꼽는다. 관련 자료가 많지 않아 구체적인 모습을 살피기에는 좀 빈약하지만, 궁예는 오자가 지적한 장수의 상에 상당히 부합하는 것 같다. 그가 명주에서 3천 5백 명의 군사를 14대로 조직한 것이나, 행정제도를 구사한 것은 오자의 장수관과도 부합된다. 또한 궁예는 여러 지방을 점령할 때 무력만 앞세우지 않고 습파襲破, 회유懷柔, 입성入城 등의 다양한 방법을 구사했다. 이런 점에서 궁예는 장수로서뿐만 아니라 전략과 정치에도 뛰어난 달인임을 느끼게 한다.

'궁예의 길'

장군 궁예는 명주를 장악한 후 독립했지만 이것으로 만족하지 않았다. 이는 오래 전 세달사에 있을 때부터 품었던 '왕'에 대한 꿈을 실현하기 위한 첫걸음에 불과했다. 이 포부를 실현하기 위해서는 헤쳐나가야 할 난관이 하나 둘이 아니었다. 가장 중요한 관건은 점령지역을 어떻게 통제할 것인가 하는 문제였다. 그리하여 궁예는 먼저 명주의 민심을 붙잡을 방책을 마련했다. 그것이 구체적으로 어떤 방법이었는지는 알 수 없지만, 궁예는 명주를 영동지역의 통제본부로 삼았다. 명주는 힘들이지 않고 영입된 지역이었고, 영동 제일의 주요 거점이자 중심이었다. 훗날 궁예가 왕건에게 몰락한 뒤에도 명주지역이 계속 그를 지지하여 왕건에게 쉽게 귀부하지 않은 것을 보면, 궁예의 계획이 비교적 성공했음을 유추해볼 수 있다. 명주 장군 김순식(뒤에 왕건이 성을 내려 왕순식이 됨)은 왕건이 정권을 잡은 뒤 5년 후에야 귀복했다. 게다가 이는 왕건이 김순식의 아버지 허월을 인질로 잡아 어렵게 이룩한 결과였을 만큼 궁예와 명주의 관계는 긴밀했다.

이 특별한 관계는 궁예와 허월의 각별한 관계에서 비롯된 것으로 보인다. 허월은 궁예가 명주에 입성할 당시 그의 입성을 안내한 내부세력의 우두머리로 추정되는데, 궁궐 안의 사원인 내원에서 궁예를 보필했다. 당시 사정으로 보아 허월은 궁예에게 정사 전반에 걸쳐 조언하던 인물로 보인다.

허월과 궁예

허월은 왜 궁예를 지지했을까? 아마도 궁예와 사회적 신분이 같았기 때문일 것이다. 허월을 명주 굴산사의 개청계 승려로 보는 이도 있으나, 그보다는 궁예와 같은 '승'으로 기록된 수원승도였거나 당시의 불교계를 비판하여 새롭게 혁신하려고 했던 인물로 보인다. 허월에 관한 자료는 거의 없지만, 그의 아들 김순식이 왕건을 도우러 갈 때 꾸었던 꿈이 허월과 약간 연관이 있는 듯하다. 왕건이 후백제의 신검을 토벌할 때 김순식도 명주에서 병사를 이끌고 가 격파하는 데 큰 공을 세웠다. 이때 왕건이 순식에게 "짐의 꿈에 이상한 중이 3천 명을 거느리고 온 것을 보았는데, 다음날 경이 군사를 이끌고 와서 도우니 그 꿈과 딱 맞아떨어졌다"라고 했다. 그러자 순식은 "제가 명주를 떠나 대현(대관령)에 이르자 이상한 승사가 있었으므로 제사도 지내고 기도를 드렸는데 임금이 꿈꾼 것이 분명히 이것일 것입니다"라고 했다.

여기서 왕건과 김순식을 연결하는 매개는 '이승'이다. 왕건을 도우러

온 김순식은 승려가 아니지만 그의 아버지가 승려라는 점을 감안하면, 여기서의 이승은 허월의 상징으로 볼 수 있지 않을까? 그렇다면 이승으로 표현된 허월은 어떤 종파의 인물이었을까? 왕건이 '이승'으로 표현한 걸로 보아 기존 종단의 입장과 다른 유형이었을 것이고, 이는 수원승도의 다른 표현으로 볼 수도 있을 듯하다. 곧 김순식의 아버지 허월은 궁예와 같은 신분인 수원승도였고, 이러한 동질성이 궁예가 명주를 공격할 때 허월로 하여금 '영입'하게 하는 계기가 되었던 것이다.

김순식이 말한 이승사는 오늘날 매년 단오절에 개최되는 강릉 단오제의 대관령 국사서낭당으로 여겨지고 있다. 엄밀하게 고증된 내용은 아니지만, 《동국여지승람》이나 《임영지》(임영은 강릉의 옛지명이다)에 따르면 김순식이 넘은 고개가 대관령이고, 그때 제사를 지낸 곳이 바로 이승사로 표현된 대관령 국사서낭당이라는 것이다.

이러한 정황을 고려하면 김순식이 제사를 지낸 이승사는 불교보다는 토속신앙에 더 가까웠을 것이고, 이 점에서 궁예와 허월·김순식의 공통점을 찾아볼 수 있다. 그 실체가 구체적으로 밝혀지지지 않았을 뿐, 궁예의 종교가 다시 정통 불교 교단의 교리와 상당한 차이가 있었다는 것은 이미 알려진 사실이다. 그리고 궁예의 사상이 토속적인 면에 상당히 가까웠던 점도 인정되고 있다. 특히 궁예는 자신의 왕국에 서낭을 관장하는 관부를 두었고, 이 점에서 대관령의 국사서낭당과 전혀 무관하지만은 않은 것 같다.

수원승도라는 신분상 동질상은 궁예와 허월을 밀접하게 결합시키는 고리가 되었을 것이다. 그리하여 궁예는 허월을 측근 참모로 기용하고 항상 응분의 대접을 했다. 물론 명주를 안심하고 맡길만한 사람으로 그의 아들 순식을 택하였음은 충분히 납득되는 일이다.

궁예의 길

명주를 믿을 만한 근거지로 확보한 뒤 행보가 빨라진 궁예의 정복활동에 대해서는 이미 앞에서 언급한 바 있다. 마침내 궁예는 철원에 도읍을 정하고 국호를 내걸었다. 이러한 궁예의 일련의 정복활동은 어떤 의미가 있을까? 물론 궁예 개인에게는 넓은 영토를 확보한다는 자부심을 안겨주었을 것이다. 그러나 역사상으로 본다면 백두대간을 사이에 두고 양쪽을 아우르는 새로운 국가가 탄생했다는 데 큰 의미가 있다. 이 일대를 중심부로 하나의 공동체를 형성한 것은 궁예가 처음이었다. 이 지역은 삼국시대에는 고구려, 백제, 신라 중 어느 나라로부터도 변방이었다. 국경지대로 완충지 역할을 담당하였는데, 그런 사정은 남북국시대에도 마찬가지였다. 그런데 궁예의 시대에 와서 이 지역은 하나

명성산 등산로

로 통합되어 한반도의 중심지역이 되었다. 경주 중심 신라의 변방이었던 곳이 이제는 궁예왕국의 중심지로 떠오르게 된 것이다. 신라의 변방 철원이 천하의 중심이 되고 경주는 한낱 지방도시로 전락하는 대역전이 이루어졌다.

이 정도라면 궁예에게 국토 개척자라는 별호를 주어도 괜찮을 것 같다. 지방도시 철원을 당당한 대도시로 발전시켰다는 점도 그렇거니와, 그의 정벌 과정 중에 한반도의 좌우를 연결하는 교통로가 확실히 개척되었다는 점에서 그러하다. 그래서 나는 궁예가 원주-영월-영주-울진-명주-고성-간성 일대를 거쳐 한계령(혹은 진부령)을 넘어 인제-화천-철원-서해에 이르기까지 한반도의 중부를 가로로 베어내듯이 진행했던 진군로를 '궁예의 길'이라 불렀으면 한다. 이 길은 임진왜란 때 왜군의 제4번대인 모리길성毛利吉成의 부대가 역으로 답습한다. 모리 부

대는 한성을 떠나 포천 · 회양 · 고성 · 간성 · 양양 · 강릉 · 삼척에 이른 후 원주를 공격하고 그 뒤 평창 · 영월 · 정선을 거쳐 다시 삼척을 지나 울진으로 향했다. 모리 부대의 행군로는 '궁예의 길'의 역진로였던 것이다. '궁예의 길'은 산악이 많아 지금도 답사하는 데 많은 어려움이 따른다. 그런데도 궁예는 지금보다 더했을 악조건을 무릅쓰고 이 일대를 하나로 통일하여 동서횡단의 나라를 구축하였으니, 궁예에게 국토개척자라는 별호를 주는 것은 지극히 마땅할 것이다.

4

궁예의 꿈

킹 메이커
왕건가와의 만남

1인자가 되는 것, 최고의 지위인 패자覇者에 오르는 것은 야심
가라면 누구나 갈망하는 바일 것이다. 궁예도 마찬가지였다. 더구나 일
찍부터 세상에 불만을 가지고 현실적으로 불만을 해결해보겠다는 꿈
을 가지고 있었던 궁예에게는 그 갈망이 더했는지도 모른다.

궁예의 칭왕에 결정적인 공헌을 한 집단은 패서 호족들이었다. 이들
의 귀부는 궁예가 자신감을 갖는 데 큰 역할을 했다. 그리하여 896년
궁예는 국호를 고려라 하고 송악을 도읍으로 삼아 스스로 임금을 칭하
며 내외관직을 설치했다. 사서에서는 이에 대해 '자칭'이라고 표현하고
있으나, 사실과 좀 차이가 있는 듯하다. 이를 견훤과 비교해보면 도움
이 될 것이다.

견훤은 892년에 왕을 자칭했다. 물론 공공연히 왕을 일컫지는 못했
지만, 어쨌든 견훤은 5천여 인의 추종세력을 거느리고 무진주를 습격

한 후 왕이 되었다. 그런데 이와 달리 궁예는 894년 명주로 들어가 3천 5백 명의 군사를 확보한 뒤 왕이 아닌 장군이 되었다. 그리고 2년 동안의 정벌전쟁을 통해 강역이 확대되고 따르는 사람들이 많아지자 896년에 왕이 되었다. 궁예가 왕을 칭할 때의 판도는 견훤이 칭왕 당시 점령해던 무진주보다 훨씬 넓었다.

이러한 사정을 고려하면 궁예는 대내외의 분위기에 편승한 측근들의 추대로 왕이 되었다고 보는 게 옳을 듯하다. 어쨌든 '칭왕'이라는 사실 자체는 장군에서 한 단계 승격하여 신라와 대등한 위치에서 하나의 국가체를 건설했다는 의미이며, 동시에 신라에 대해 공식적으로 도전하는 일대 사건이었다.

왕륭과의 운명적인 만남

궁예가 왕을 칭하던 896년, 송악에서 운명적인 만남이 이루어진다. 송악을 근거지로 오랫동안 호족으로 군림해온 왕건가와 결합하게 된 것이다. 여기서 굳이 '왕건'이 아닌 '왕건가'라고 표현한 것은, 이때 왕건은 약관 20세에 불과한 청년이었기 때문이다. 아무리 왕건이 포부가 크고 지략이 있는 장수라 해도, 혼자 힘으로 당대의 실력자 궁예와 연합할 수는 없었을 것이다. 실제로 궁예와 왕건가의 만남은 왕건의 아버지 왕륭을 통해서 이루어졌다.

당시 왕건가는 이 일대 유력 호족으로 896년 궁예가 진출할 당시에는 벌써 재부와 함께 상당한 군사력까지 갖추고 있었다. 왕건가의 출신과 배경에 대해서는 《고려사》 〈고려세계〉에 비교적 충실하게 남아 있는데, 그에 따르면 왕건의 선조들은 북방 백두산 부근에서 송악군 일대로 이주했다고 한다.

궁예가 이 지역을 점령할 무렵 왕릉은 송악군의 사찬이었다. 그리고 이들의 만남은 왕릉이 궁예에게 송악군을 바침으로써 이루어졌다. 송악의 세력가 왕릉도 강성해진 궁예에게 송악을 바치지 않을 수 없었던 것이다. 당시 송악을 비롯한 이 일대에는 왕건가말고도 신천 강씨, 평산 박씨, 정주 유씨, 황주 황보씨, 평주 김씨 등 내노라 하는 실력가들이 여럿 있었다. 그중에서 왕건가는 왕건의 조부인 작제건 때 상당히 유력한 집안들과 관계를 맺으며 대표적인 실력자로 떠올랐다. 〈고려세계〉에서는 작제건이 서해 용왕에게 장가를 가자 개주·정주·염주·백주 4개 주와 강화·교동·하음 3개 현 사람들이 큰 경사라고 하면서 작제건을 위해 영안성을 쌓고 궁실을 건축하였다고 전하고 있다.

이렇듯 송악 일대에서 힘깨나 쓰는 호족인 왕릉이 자진해서 귀부해 온 것은 궁예로서는 너무나 반가운 일이었다. 그 전에도 여러 지역이 귀부해 오긴 했으나, 왕릉처럼 자신이 갈고 닦은 토착기반을 송두리째 내놓은 인물은 없었다. 궁예는 왕릉을 금성의 태수로 삼았다. 그런데 이때 왕릉은 궁예에게 "대왕이 만일 조선·숙신·변한 지역에서 왕 노릇을 하려면 먼저 송악에 성을 쌓고 나의 맏아들을 그 성주로 삼는 것이 좋습니다"라는 제안을 한다. 이 제안은 곧 자신의 아들 왕건을 송악에 그대로 두기를 희망한다는 의미였다. 궁예는 왕릉의 건의를 받아들여 약관 20세의 왕건을 송악 성주로 삼고 발어참성을 쌓도록 하였다. 발어참성은 보리참성이라고도 불렸는데 그 위치에 대해 《중경지》에서는 《문헌비고》를 근거로 개성의 귀인문이 있던 곳이라고 하였다. 이 일대를 답사한 한 연구자의 보고에 의하면 발어참성은 효공왕 3년(694)

에 축성된 송악성과 만월대지 일대, 그리고 송악산의 북성문까지 연결시킨 성곽이라고 한다.

왕륭이 송악을 담보로 궁예에게 귀부해 온 것과 이를 받아들인 궁예가 왕건을 송악 성주로 삼은 것은 우리 역사상 몇 안 되는 빅딜 중에 하나일 것이다. 왕륭의 제안이 아니었다면 송악 왕씨 세력은 이 무렵 궁예에 의하여 역사의 뒤안으로 사라졌을지도 모른다. 이처럼 왕륭의 빅딜은 자신과 아들 왕건의 안전을 꾀하고 훗날 왕건이 왕위에 오르는 데 기반이 되었다. 왕륭은 이듬해인 897년 태수로 있던 금성에서 사망한다.

우리 역사상 최고의 킹메이커, 왕륭

왕륭은 우리 역사에서 최고의 킹메이커로 꼽을 만한 인물이다. 우리 역사 속에 등장하는 대표적인 킹메이커를 꼽는다면 김춘추를 무열왕으로 즉위시킨 김유신과 김우징을 신무왕으로 옹립하는 데 결정적인 역할을 한 장보고를 들 수 있을 것이다. 그러나 최고의 킹메이커는 단연 왕륭이다. 김유신과 장보고가 막강한 군사적 기반을 배경으로 킹메이커가 되었다면, 왕륭은 비록 유력한 실력자이긴 했지만 장사꾼이었다. 왕륭은 그들보다 훨씬 부족한 배경 속에서 자신의 아들을 왕위에 오르게 했던 것이다.

사실 왕륭 자신도 왕이 되기를 희망했던 인물이었다. 왕륭은 나름대로 신라 하대의 혼란을 수습하고 천하를 통합하려는 꿈을 가지고 있었다. 〈고려세계〉에 왕륭을 "체격이 크고 수염을 가졌으며 도량이 넓어서 삼한을 통일하려는 뜻을 가졌다"라고 묘사한 것으로 볼 때 그러하다.

그러나 그는 자신의 포부를 아들 왕건에게 물려주고, 왕으로 만들기 위해 정성을 다했다. 특히 왕륭이 왕건을 위해 도선을 사부로 모시고 미래를 포석하는 과정은 눈물겹기까지 하다. 왕륭과 도선의 만남을 《고려사》에서는 다음과 같이 기록하고 있다.

왕륭은 송악산 옛집에 여러 해 살다가 또 새 집을 그 남쪽에 건설했는데 그 터는 곧 연경궁 봉원정터이다. 그때에 동리산 조사 도선이 당나라에 들어가서 일행의 지리법을 배워 돌아왔는데 백두산에 올랐다가 곡령까지 와서 왕륭의 집을 보고 "기장을 심을 터에 어찌해서 삼을 심었을까?" 하고 바로 가버렸다. 부인이 마침 그 말을 듣고 왕륭에게 이야기하니 세조가 급히 따라가 그와 만났는데 한 번 만난 후에는 구면과 같이 되었다.

이렇게 해서 교분을 맺게 된 왕륭은 도선에게 명당을 잡아달라고 요청했다. 도선은 "이 땅의 지맥은 북방(임방) 백두산 수모목간으로부터 내려와 마두명당에 떨어졌으며, 당신은 또한 수명이니 마땅히 대수를 좇아서 6×6=36구의 집을 지으면 천지의 대수에 부합하여 명년에는 반드시 슬기로운 아들을 낳을 것이므로 그에게 왕건이라는 이름을 지어 주어라"하고, 그 자리에서 봉투를 만들어 그 곁에 "삼가 글을 받들어 백 번 절하면서 미래에 삼한을 통합할 주인 대원군자 당신에게 드립니다"라고 했다. 이해가 876년 4월이었다. 왕륭은 도선의 말대로 집을 짓고 살았는데, 과연 그 달부터 태기가 있어 왕건을 낳았다고 한다.

이 설화는 왕륭이 궁예를 만나기 이전의 상황을 전한다. 왕이 되고 자 했던 왕륭의 꿈은 아들 왕건에게 전수되었다. 왕건이 17세 때 도선이 와서 만나기를 청하며 "당신은 이 혼란한 때에 상응하여 하늘이 정한 명당에서 났으니 삼국 말세의 백성들은 당신이 구제하여 주기를 기다리고 있습니다"라고 하였다고 한다. 또 도선은 왕건에게 군대를 지휘하고 진을 치는 법, 유리한 지형과 적당한 시기를 선택하는 법, 산천의 형세를 바라보아 감통보우하는 이치 등도 가르쳐주었다고 한다. 이러한 왕건과 도선의 만남은 모두 왕륭의 배려에서 비롯되었다.

왕륭의 노력은 비단 도선과의 관계에서만 보이는 것은 아니다. 앞서 보았듯이 그는 궁예에게 자신의 아들 왕건이 송악군을 맡고 성을 쌓을 수 있도록 해달라고 애원하기도 했다. 왕륭의 노력 덕이었는지는 모르지만, 궁예와 왕건가의 결합은 일단은 성공적이었다. 왕건가는 궁예에게 의지함으로써 기득권을 유지해 나갈 수 있었고, 궁예는 이 일대의 사정에 밝고 기반이 있는 왕건가와 연결됨으로써 자신의 실력을 소모하지 않고도 자연스럽게 이 일대에서 군림할 수 있게 되었기 때문이다.

실제로 왕건가와 결합한 896년에 궁예는 승령(연천군 삭녕) · 임강(장단)의 두 현을 점령한 뒤 서쪽으로 나가 송악 일대로 진출했고, 이듬해인 897년에는 인물현(개풍군 풍덕)이 스스로 항복해 옴으로써 임진강과 예성강 하류지역을 모두 휘하에 두게 되었다. 그리고 897년 궁예는 도읍을 철원에서 송악으로 옮긴다. 이에 대해 《삼국사기》〈신라본기〉에서는 898년의 일로 전하고 있는데, 이러한 차이는 897년에 천도를 결정하고 898년까지 실질적인 이전을 마쳤다고 보면 무리가 없을 것이다.

이때 궁예가 송악을 도읍으로 삼으며 내세운 명분은 "송악군은 한수

(한강) 북쪽의 이름난 군으로, 산수가 기이하고 수려하다"라는 것이었다. 그러나 실제로는 송악과 그 주변 호족들의 세력을 이용하고, 특히 왕건가와 결합함으로써 이 일대에서 자신의 위치를 확고히 하고자 하는 의도가 짙었다.

한반도의 중심 한강으로 진출

이 일대의 세력은 주로 해상력이 강성한 호족들이었다. 그중에서도 왕건가는 뛰어난 해상력을 보유하고 있었는데, 이들은 수운을 이용한 무역을 통해 부를 쌓아 점차 실력을 갖춘 것으로 보인다. 미화된 구석이 적지 않지만,《고려사》〈고려세계〉에 수록된 왕건가에 대한 많은 기록들이 그것을 입증한다.

또한 왕건가는 단순히 선박을 이용한 무역만 한 것이 아니라, 배를 만드는 기술을 보유한 장인 집안으로, 선박 제조업에 있어서 당대 제일가는 집안이었다.《고려사》에는 왕건이 만든 배가 하도 커서 갑판 위에서 말을 달릴 수 있을 정도였다고 기록되어 있다. 이 구절은 약간 과장되었겠지만, 왕건가가 상당한 수준의 선박 제작 기술을 보유하고 있었다는 사실을 반증한다. 한 연구에 따르면 이때 왕건가가 만든 배의 크기는 콜럼버스가 아메리카로 갈 때 이용했던 산타마리아 호와 비슷하다고 한다. 왕건은 콜럼버스가 살던 15세기보다 5세기나 앞선 시대에 살았으니, 당시 우리나라의 선박 제조 기술이 세계 최고 수준이었음을 보여주는 증거가 되기도 한다.

왕건가 외에도 송악 일대에서 빼놓을 수 없는 호족세력인 정주 유씨의 해상력도 만만치 않았다. 훗날 왕건은 견훤과의 해상전에 앞서 정주(경기도 풍덕)에서 두 번이나 전함을 수리하였는데, 이는 정주가 송악과 가깝기 때문이기도 했지만, 정주의 전함 수리 능력이 뛰어났다는 의미도 된다. 정주는 70척 이상의 선박을 동시에 수리할 수 있을 정도의 정비 능력을 보유하고 있었던 듯하다.

이렇게 수군력이 우수한 송악 일대 호족들의 지원으로 궁예는 수전에서도 무력을 자랑한다. 송악 천도 이후 공암(서울 양천구)·검포(김포시 검단면)·혈구(강화군) 등 수로로 공격이 가능한 한강 하류 지역들이 궁예의 세력권 내로 편입되었다. 공암과 검포의 확보는 지금의 통일전망대가 있는 오두산성도 점령하였음을 의미한다. 오두산성은 광개토왕이 백제를 공격하여 승리를 거두긴 했지만 상당히 고전했다는 관미성으로, 임진강과 한강의 합류점을 굽어보는 곳에 위치하여 전략·전술상 매우 중요한 요충지였다. 이처럼 왕건가 등 송악 일대 호족들의 뛰어난 해상력을 바탕으로 궁예는 한강 하류지역으로까지 세력을 확장하게 된다.

한편 앞서 말했듯이 궁예는, 897년 도읍을 철원에서 송악으로 옮기기로 하고 898년에 천도를 마무리 짓는다. 궁예가 천도를 단행한 배경은 무엇일까? 이때 왕건의 지휘 아래 약 2년 동안 쌓은 발어참성이 완성됨으로써 송악이 도읍으로서의 규모를 갖추었기 때문이라는 것도 하나의 이유일 수 있다. 그러나 이보다 더 큰 이유는 한강 유역 정벌에 대한 궁예의 야심에 있었다. 철원은 한탄강을 끼고 있기는 하지만 수운이 발달한 지역은 아니었다. 철원에서 한강으로 향하기 위해서는 반드시 오두산성을 끼고 다시 한강으로 접어들어야 했던 반면 송악은 바로 한강으로 접어들 수 있는 편리함이 있었다. 곧 궁예는 한강과의 수운이 편한 송악을 거점으로 한강 상류로 진출하고자 했던 것이다.

한강은 예나 지금이나 우리나라에서 포장수력 제일을 자랑하며, 그 지류에서 생산되는 농산물 또한 막대하다. 뿐만 아니라 한강구는 중국 문물을 전파하는 창구로 삼국시대에는 이 지역을 차지하기 위해 고구려, 백제, 신라가 치열한 사투를 벌이기도 했다. 더욱이 삼국 가운데 가장 늦게 출발한 신라가 가장 큰 세력으로 도약할 수 있었던 계기도 바로 이 한강 유역을 장악하고 나서부터이다. 이때 신라 진흥왕은 백제 성왕과 동맹을 맺어 고구려가 장악하고 있던 한강 하류를 차지하였으나, 그 후 백제를 배반하여 신라 영토로 삼았고, 이에 백제 성왕은 복수전을 전개하다 전사하였다.

그런데 당시 한강 중·상류에는 양길이 포진하고 있었다. 이 무렵 수군을 앞세운 양길의 세력은 궁예 이상이었고, 세력이 커진 궁예를 못마땅하게 여겨 선공을 펴부을 정도로 자부심이 강했다. 궁예는 양길이 건재한 이상 그의 위협에 시달려야 했으며, 한강으로의 진출은 꿈꿀 수도 없었다. 궁예는 한강 쪽으로의 진출을 포기하던가 아니면 양길과 한판 승부를 벌이던가 양자택일을 할 수 밖에 없었던 것이다. 이 문제를 해결하기 위해 궁예는 수운의 요충인 송악을 도읍으로 정하고 이를 전진기지로 삼아 한강 하류에서부터 상류로 진출하기 시작한 것이다. 그리하여 마침내 궁예는 양길과 한판 승부를 벌이게 되었다.

'고려의 왕'임을
재천명하다

수군의 활약으로 세력이 커진 궁예는 커다란 난관에 봉착했다. 명실상부한 후삼국의 패자가 되기 위해서는 반드시 거쳐야 할 지명방어전이 기다리고 있었던 것이다. 궁예에게 있어 양길과의 일전은 불가피한 숙명이었다. 국원과 북원을 중심으로 한 남·북한강의 요지를 장악하지 못한다면 궁예의 세력은 껍데기에 불과했다. 패서 호족들과의 제휴에 성공한 궁예는 이제 후삼국을 통일하려면 한강을 장악하지 않으면 안 되었다.

이 무렵 여전히 북원과 국원을 중심으로 주변의 30여 성을 휘하에 거느리고 중부의 패자로 군림하고 있던 양길은, 궁예 세력의 확대가 자신에게 큰 화를 미칠 것이라는 사실을 알고 대비하고 있었다. 그러나 897년에 벌어진 첫 번째 전투는 싱겁게 끝나버렸다. 양길이 선공을 가하여 기선을 제압하려 했지만, 궁예가 이를 미리 탐지하여 승리를 거둔 것이다. 궁예의 정보전이 거둔 승리였다.

이 전투의 일등공신은 왕건이었다. 전투가 전개된 지역은 원성군 문막의 건등산 일대였는데, 건등산은 그다지 높지는 않으나 주변이 잘 관측되는 감제고지이다. '건등산'의 '건등'은 왕건이 오른 산이라는 데서 유래했다고 한다. 이 일대에 견훤산성이 있는 것으로 보아 이 이야기가 전설이 아닌 사실임을 확인할 수 있다. 사실 전설에는 왕건과 견훤의 전투 이야기만 전해지지만 아마도 그 이전에 벌어진 양길과 궁예의 전투 이야기도 담겨 있을 것이다. 곧 훗날 궁예를 몰락시킨 왕건이 건등산 일대에서 견훤과 맞붙었을 수도 있으며 그 이전에 왕건과 양길의 교전지 중 하나가 이곳인 것도 틀림없는 사실이다.

물론 이 전투에서 승리함으로써 궁예 세력이 순식간에 이 일대를 장악한 것은 아니며, 양길의 세력기반도 단 한 번의 패배로 주저앉을 만큼 취약하지는 않았다. 전투에서 패하긴 했지만, 양길은 복수의 일전을 기약할 수 있는 저력을 갖고 있었다. 전략적으로 매우 중요한 요충지인 원주와 국원을 비롯하여 10여 성이 따르고 있으므로, 양길로서도 재기의 일전을 노릴 만했다.

양길의 세력권 안에 교두보를 확보하고 이를 거점으로 한강 상류로의 진출을 시도한 궁예는, 898년 2월 도읍인 송악성을 보수하는 한편 왕건을 정기대감으로 진급시켜 거듭 한강 상류로 진출할 것을 명령했다. 궁예의 명을 따른 왕건은 양주, 견주(양주군 구읍내)를 성공적으로 정벌하고, 한강 상류로 진출함으로써 양길의 세력을 위축시키고 초조하게 만들었다.

이제 궁예의 위엄은 한강 전역에 미치게 되었다. 더욱이 898년 7월에는 패서도와 한산주 관내의 30여 성이 궁예 휘하로 들어오게 되었다. 그러나 궁예의 세력이 급부상하기까지 그에 따른 희생도 만만치 않았다. 898년 겨울 11월, 궁예는 전쟁에서 희생된 이들을 위로하고자 팔관회를 열었다. 팔관회는 불교 행사로 알려져 있지만, 그 기본 성격은 국가유공자에 대한 위령제였다. 부하들을 제 몸처럼 소중히했던 궁예는 팔관회를 열어 그들의 전공을 보상하는 한편, 다음 결전을 위해 내적 정비를 한 것이다.

비뢰성 전투와 양길의 최후

이제 한강구漢江口의 상당한 지역을 장악하게 된 궁예는 양길과 정면으로 승부를 가를 수밖에 없는 상황이 되었다. 양길로서는 자신이 키운 궁예가 내놓은 도전장이 마땅할 리 없었다. 그렇지 않아도 897년의 1차전 패배로 자존심이 상해 있던 양길은 설욕할 기회를 엿보고 있었다. 이번에는 양길이 궁예에게 도전하는 형국이었다.

897년 7월 양길이 궁예를 공격할 때의 상황을《삼국사기》에서는 "북원 적수 양길은 궁예가 자신에게 두 마음을 품고 있는 것을 꺼려하여 국원 등 10여 성주와 더불어 궁예를 치려 비뢰성 아래로 군사를 진격시켰으나 패하여 달아나고 말았다"라고 서술하고 있다.

양길의 선공으로 시작된 전투는 비뢰성에서 결판이 났다. 비뢰성의 위치에 대해서는 확실히 알려져 있지 않다. '비뢰'라는 지명이 사용된 예는 지금까지 조사된 바로는 여기에 나오는 비뢰성과, 고려 현종이 거란의 침입을 받아 나주로 몽진할 때 유숙했다고《고려사》에서 기록된 비뢰역 단 두 번뿐이다. 비뢰성의 위치 비정은《고려사》에서 현종이 광

● 죽주산성

주에서 양성(안성)으로 가는 도중 비뢰역에 머물렀다고 한 기록을 바탕으로 그 사이에 위치했다고 보는 설과, 비뢰의 음이 죽주의 옛 지명인 분행과 비슷하다고 하여 죽주로 비정하는 견해가 있다. 그러나 현종이 몽진 도중 전주에서 묵으려다가 묵지 않는 등, 숙박지나 목적지를 이동 도중 바꾼 일이 있는 걸로 보아 계획대로만 움직이지 않았음을 알 수 있고, 따라서 비뢰역을 반드시 광주와 양성의 중간에서만 찾는 것은 문제가 있다. 또한 비뢰성과 비뢰역이 한자가 같다고 반드시 동일한 지역이라고 말할 수도 없다. 마찬가지로 분행 역시 비뢰로 읽을 수도 있지만, 비렬홀·비류성 등 다양한 우리 발음의 한자로 음사한 것일 수도 있다. 물론 비뢰성의 위치를 비뢰와 비슷한 발음의 지명들 가운데서 찾아야 하는 것은 당연하지만, 그와 함께 궁예와 양길의 전술·전략적 조건과 맞아떨어지는 지점을 지적해야 할 것이다.

그런 점에서 볼 때 이 일대의 비슷한 지명 중에서 수운의 요충이 되는 지역을 비정하는 것이 옳을 것이다. 앞에서도 말했듯이 궁예는 수군을 동원하여 한강 상류로 진출하려 했고, 양길은 이러한 궁예를 맞서 싸워야 했기 때문이다. 이런 배경에서 비뢰성은 옛 지명이 비열홀인 지금의 양근 지역으로 비정할 수 있다. 우리가 잘 아는 고려 초의 광주 호족 왕규를 비열홀 출신의 해상세력으로 본 의견을 수용한다면, 양근은 언젠가 광주 소속이었던 때가 있었고, 관행적으로 광주로 이해된 적도 있었을 것이다. 또 비열홀의 홀은 고구려어로 성을 의미하므로 비렬홀은 비렬성이며, 이는 곧 비뢰성으로 양근 지역을 의미하는 것이 된다.

실제 양근은 한강 수운에서 매우 중요한 위치를 차지한다. 양근의 갈산 기슭(칙미포구)은 신작로가 생기기 전인 1930년까지는 이 일대 교통의 중심지로, 이때만 해도 쌀 2백 가마는 너끈히 실은 30톤짜리 돛단배가 왕래할 정도였다고 한다. 또한 마포나루에서 이 곳까지 거슬러 올라오는 데는 사흘이 걸리고, 강원도 물산이 내려가는 데는 하루밖에 걸리지 않았다고 하며, 때로는 이곳에서 직접 교역이 이루어졌다고 한다. 따라서 이곳을 장악하면 양수리의 목을 장악하게 되어 남한강과 북한강 어느 쪽으로든 통제할 수 있기 때문에, 전략상은 물론이고 지나다니는 배들의 통행세만 받아도 적지 않은 수입을 올릴 수 있을 만큼 대단히 의미 있는 곳이다.

비뢰성 전투를 앞두고 양군은 최선을 다해 준비했다. 그러나 그에 비해 결과는 너무나 싱겁게 끝났다. 이 전투는 병사들의 사기가 전투의 승패에 얼마나 지대한 영향을 미치는지를 알려주는 본보기가 될 만도 하다. 양길의 병사들이 궁예군의 충만한 사기를 보고는 싸워보지도 않고 자멸해버린 것이다. 이 일을 계기로 900년 10월에는 얼마 전까지도 궁예와 적대 관계였던 국원 · 청주(괴산군 청천) · 괴산의 우두머리인 청길·신훤 등이 함께 투항했다. 양길의 최후 보루였던 국원을 포함한 여러 성이 마침내 휘하로 들어오게 됨으로써 궁예는 한반도 중부를 통일한 최고의 실력자가 되었다.

후삼국의 도래, 통일전쟁의 시작

바야흐로 명실상부한 후삼국시대의 막이 열린 것이다. 진정한 후삼국시대는 비뇌성 전투에서 양길이 궤멸되어 역사의 뒤안으로 물러난 바로 그 순간부터라고 할 수 있다. 이미 궁예와 견훤이 칭왕하면서 국호를 정했지만, 양길의 존재가 있는 한 천하가 셋으로 정립되었다고 할수는 없었다. 양길의 존재는 그만큼 비중이 컸다. 그런데 비뇌성 전투로 양길의 존재가 사라짐으로써 궁예는 양길이 신라와의 중간에서 활동하던 무대를 손에 넣고 직접 신라를 공격할 수 있게 되었다.

비뇌성 전투가 끝난 후, 자발적이었든 강제적이었든 양길 휘하에 있던 많은 세력들이 궁예 휘하로 들어왔다. 국원·청주·괴양의 투항으로 궁예는 소백 이북 지역을 완전히 장악하게 되었고, 자발적 귀부와 함께 궁예의 정복사업도 활발히 이루어졌다. 이처럼 세력을 확장해나가는 데 있어 궁예의 후광이 적지 않은 역할을 했겠지만 왕건의 실력이 작용한 것도 사실이다. 특히 후백제와의 전투에서 왕건이 이끈 수군의 활약은 절대적이었다. 그리고 이러한 전장에서의 승리를 기반으로 궁예 정권 내에서 왕건의 위치는 점차 부상하였다. 궁예는 왕건을 아찬으로 승진시켰다.

양길이 비뇌성 전투에 패한 후 북원 및 국원을 중심으로 한 양길의 세력지역에 힘의 공백이 생겼으나, 견훤은 그 사이를 밀고 들어올 수 없었다. 하지만 견훤은 양길을 꺾은 궁예의 적수가 되지 못했다. 견훤은 901년에 신라의 대야성(합천)을 공격했으나 함락시키지 못할 정도로 궁예에 비할만한 전투력을 갖고 있지 못했다.

901년 궁예는 다시 한 번 자신이 고구려의 후계자이며 고려의 왕이라는 사실을 재천명한다. 궁예가 스스로 왕을 칭했다는 기사는 896년과 901년에 두 번 나오는데, 처음에 왕을 칭한 것이 고구려 지역의 패자라는 뜻이었다면 후자는 양길을 꺾은 후 신라를 꺾고 통일을 이루겠다는 의지의 표현으로 보아야 할 것이다. 이제 궁예는 자타가 공인하는 왕으로서 삼국 중에서 최강자가 되었다. 신라와 견훤은 크게 세력이 변하지 않았던 데 비해 궁예는 양길을 누르고 그 세력을 휘하에 편입시킴으로써 더욱 강해졌다. 반면 궁예와 양길이 대립하던 때 양자간의 견제를 이용할 수 있었던 신라와 견훤은, 이제 보다 강해진 궁예를 직접 상대해야 하는 부담이 커졌다. 이러한 사정을 《삼국사기》에서는 "905년 궁예가 군사를 움직여 우리(신라) 변방의 마을들을 침탈하여 죽령 동북에 이르니 왕은 강역이 날로 줄어감을 듣고 매우 걱정을 하였으나 방어할 힘이 없으므로 여러 성주에게 명하여 삼가 출전하지 말고 성벽을 굳게 하여 지키라고 했다"라고 기록하고 있다.

이 무렵 궁예의 정복활동은 그 성격이 달라졌다. 이전까지는 세력 확대를 위해 전쟁을 벌였다면, 이제는 통일전쟁의 대열에 나선 것이다. 이후 궁예는 주로 나주 지역에서 후백제와 격돌했다. 전쟁의 명분은 삼한통일이었다. "선종이 강성해지자 신라를 병탄할 뜻을 가지고 나랏사람들에게 신라를 멸도라고 부르게 하였으며 무릇 신라로부터 오는 사람들을 모두 죽여버렸다"라는 내용은, 종전의 삼국통일의 상징인 신라를 멸하여 새로운 삼국을 통일하겠다는 의지의 표현이었다. 또한 신라를 멸도라 칭한 것은 멸망시켜야만 하는 당위성과 궁예의 혁명의지까지도 엿볼 수 있는 대목이었다.

궁예가 통일전쟁의 시발로 삼은 대상은 후백제였다. 그 전까지의 전쟁이 장군·성주라 칭하던 무리들을 규합하는 작업, 다시 말해 호족·성주들 사이의 힘 싸움이었다면 이제는 왕과 왕의 싸움이었다. 새로운 시대에 대한 이상을 품은 영웅들의 전쟁이 펼쳐지게 된 것이다. 궁예는 고구려의 옷을, 견훤은 백제의 옷을 입었고, 신라 천년 사직이 여전히 버티고 있었다. 이른바 후삼국 통일전쟁이 된 것이다.

5

미륵의 나라

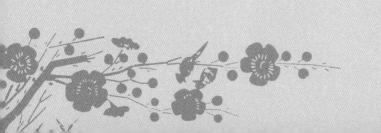

통일전쟁

양길을 꺾은 궁예는 남방 공격에 적극성을 보였다. 물론 남방 공격의 대상은 신라와 후백제였다. 그때까지 후백제와 신라에 대한 공격이 없었던 것은 아니나, 양길을 제거한 뒤 전개된 남방 공격은 그 의미와 공격의 강도에서 차이가 있었다. 종전의 남방 공격이 세력 균형을 목적으로 하였다면 양길 제거 후의 전투는 삼한 통일에 그 목적이 있었다.

덕진포 전투로 패권을 장악하고

궁예와 후백제의 전투는 기록상으로 903년에 처음 보인다. 물론 그이전에도 충돌이 없었던 것은 아니지만, 그때는 양길·기훤 등 여러 호족들이 지역적으로 궁예와 후백제 사이에서 완충 역할을 하였다. 그러나 궁예가 이 지역을 통합하게 되자 후백제와 바로 대적하는 상황이 되었다.

궁예와 후백제의 전투는 육지와 수상 양면에서 전개되었는데, 그 중에서 수상전투가 육상전투에 비해 전략적으로 더 큰 비중을 차지했다. 수상전투가 본격화되는 시기는 903년부터이다. 궁예는 왕건을 보내 후백제의 배후를 쳤다. 왕건의 주력은 수군으로 한강과 그 일대에서 크게 이름을 떨친 함대였다. 왕건은 서해에서 남진한 후 광주 일대를 공격하여 금성군과 그 주변 10여 개 군·현을 공략하여 모두 탈취하였고, 금성을 나주로 고친 뒤 군사를 나누어 점령지 수비를 강화한 뒤 개선했다. 이 전투로 궁예의 수군은 견훤을 후방에서 압박하며 서해의 주도권을 장악할 수 있게 되었다. 궁예의 서해 해상권 재패는 중국과 활발한 외교 관계를 펼쳐 후삼국 가운데서 유리한 위치를 점하려고 했던 견훤의 의도를 무산시키는 데 큰 영향을 미쳤다. 특히 909년에는 염해현(영광)에 주둔하고 있던 왕건 휘하의 수군이 오월국으로 보내는 견훤의 선박들을 노획한 사건이 발생하였다. 이 사건으로 왕건은 큰 표창을 받았으며, 궁예 세력은 서해 일대를 확실하게 장악하게 되었다. 또한 이 해 6월 궁예는 왕건에게 다시 군사 2천 5백을 주어 진도군과 고이도를 함락시켰는데, 진도군 점령은 궁예군이 남해로 진출하는 교두보를 확보했다는 점에서 의미를 찾을 수 있다.

이듬해인 910년에 견훤이 나주 함락을 목표로 공세를 가해왔다. 견훤은 몸소 보·기병 3천을 이끌고 나주성으로 가 10일 이상을 포위 공격했다. 그렇지만 나주성의 방어도 만만치 않아 쉽게 함락되지 않았다. 이에 궁예는 다시 수군을 보내 견훤의 군대를 습격하여 물러가게 하였다.

이처럼 서남해의 상황은 912년의 덕진포 전투 이전까지는 궁예와 견훤 중 어느 한쪽이 절대 우위를 확보하지는 못했다. 그런데 덕진포 전투 이후 궁예 세력이 서남해에서 절대적으로 우위를 확보하게 된다. 덕진포는 영암의 서북쪽에 있는 포구인데 견훤은 이곳에서 목포까지 군사를 밀집 배치해두고 있었다. 이 전투에서도 왕건의 활약이 두드러졌다. 이때의 상황은 《고려사》에 다음과 같이 기록되어 있다.

> 나주 포구에 이르렀을 때 견훤이 직접 군사를 거느리고 전함들을 늘어놓아 목포에서 덕진포에 이르기까지 머리와 꼬리를 서로 물고 수륙 종횡으로 군사 형세가 심히 성했다. 그것을 보고 우리 여러 장수들은 근심하는 빛이 있었다. 태조는 말하기를 "근심하지 말라. 전쟁에서 이기고 지는 것은 군대의 의지가 통일되어 있느냐 없느냐 하는 데 있는 것이지, 그 수가 많고 적은 데 있는 것은 아니다"라고 하면서 곧 진군하여 급히 공격하니 적선들이 조금 퇴각했다. 이에 풍세를 타서 불을 놓으니 적들이 불에 타고 물에 빠져 죽는 자가 태반이었다. 여기서 적의 머리 5백여 급을 베었다. 견훤은 작은 배를 타고 도망했다. 처음에 나주 관내 여러 군들이 우리와 떨어져 있고 적병이 길을 막아 서로 응원할 수가 없었기 때문에 자못 동요하고 있었는데 이때에 와서 견훤의 정예부대를 격파하니 군사들의 마음이 모두 안정되었다. 이리하여 삼한 전체 지역에서 궁예가 절반 이상을 차지하게 되었다.

왕건을 미화시킨 대목이 많긴 하지만, 어쨌든 궁예는 이 전투에서 후백제를 제압하고 후삼국 중 최고의 실력자가 되었다. 특히 남서부 해상권의 장악은 궁예가 정국을 자신의 계획대로 유지해 나가는 데 매우 유리하게 작용했다. 해상을 통해 오월과 외교 관계를 지속하면서 중국과 외교 관계를 맺어 국제적 위상을 확고히하려 했던 견훤의 의도는 이 일대 해상권이 궁예에게 귀속됨으로써 제한될 수밖에 없었다.

이 전투에서 승리한 이후에도 왕건은 후백제를 추종하는 세력들을 소탕하여 명실상부하게 점령지역의 지배권을 확립하였다. 특히 압해현의 능창을 잡아 처형한 것은 이 일대에서 왕건의 이름을 높이는 결과가 되었다. 능창은 수전을 잘하여 수달이라고 불렸는데, 갈초도 등 인근 지역의 반란군을 규합하고 왕건이 오는 길목을 노려 기습을 하려고 하였다. 그러나 나주의 반남현 일대에 미리 첩보망을 구성해놓아 능창의 움직임을 다 포착하고 있던 왕건은, 갈초도에서 음모를 꾸미고 있는 능창을 선제 기습하여 체포하였다. 결국 능창은 궁예에게 보내져 처형되었고, 이후 이 일대는 궁예의 통치지역이 되었다.

한편 육지에서도 궁예와 후백제 간의 전투는 계속되었다. 주로 신라의 영역을 차지하려는 과정에서 일어난 충돌이었으므로, 전투도 신라의 도읍 경주로 가는 주요 도로상에서 발생하였다. 대표적인 전투는 905년 8월 죽령 동북에 다다른 궁예군이 906년 왕건의 지휘 아래 상주를 공격한 것이다. 이 전투에서 정기장군 검식 등과 군사 3천을 거느리고 출정한 왕건이 승리를 거두자, 견훤은 907년 일선군 이남 10여 성을 빼앗아 기세를 올리기도 하였다. 그러나 육지에서의 전투는 기록상으로 볼 때 해상에서의 전투보다 횟수가 많지도 않고 전투 상황도 상세하게 전하지 않아 구체적으로 알 수는 없지만, 궁예의 세력이 견훤에 비해 상대적 우위에 있었던 것으로 추정해볼 수 있다.

이 무렵 궁예의 후백제 공격은 서남해상에서 절대적 우위를 보인 것이 하나의 특징이었다. 특히 왕건의 탁월한 전략 · 전술로 나주 일대를 교두보로 삼은 것은 후백제의 전선을 사방으로 분산시키는 결과를 초래하였다. 그 결과 후백제는 전투력을 집중할 수 없는 어려움에 부딪쳐 후삼국의 쟁패 과정에서 절대 불리한 상황이 되었다.

통일왕국의 꿈

궁예는 후백제와의 전쟁을 계속하는 한편 공격과 회유를 번갈아 구사하면서 신라지역의 정복활동에도 박차를 가했다. 그리하여 904년에는 상주 등 30여 현을 탈취함으로써 세력이 소백산맥에까지 미치게 되었다.

그런데 이해에는 신라의 영토 편입보다 더 의미 있는 사건이 발생한다. 공주 장군 홍기가 궁예에게 내항한 것이다. 공주는 백제의 옛 도읍으로 이 일대 정치·경제·문화 등의 중심지로, 백제계 유민들의 자부심과 자존심이 대단한 지역이다. 또 김헌창이 난을 일으켜 신라 조정에 대항한 이래로 지역 정서도 반신라적 경향이 강하였다.

이처럼 백제 정서가 강한 공주지역이 백제의 부흥을 부르짖은 견훤이 아닌 고구려의 후예를 표방한 궁예에게 귀부한 것은 약간 의아한 일이다. 물론 홍기가 공주 전역을 대표하는 유일한 인물이 아님은 분명하다. 어쩌면 홍기는 그다지 실력 있는 인물이 아닐 수도 있다. 그러나 어쨌든 백제지역에서 궁예에게 자발적으로 귀부하는 사람이 나왔다는 사실이 중요하다. 즉 이 지역의 정서가 백제 중심의 지역주의적 정서에서 탈피하여 궁예에게 돌려진 사실에 의미를 둘 수 있는 것이다. 또한 궁예에게 있어서는 홍기의 자진 투항으로 현실적으로는 후백제와의 경계선이 공주 이남으로 남하하였다는 데 의미가 있다. 이로써 궁예는 후백제의 도읍인 완산주와 훨씬 더 가까운 위치에서 대치하게 되어 전략상 유리한 고지에 올랐다.

뿐만 아니라 이해에는 북방 패강도의 10여 주·현도 궁예에게 내항해 왔다. 패강도는 임진강 이북에서 패강진 일대의 평주(평산)·협해현(신계)·염주(연안)·백주(연안? 백천?)·곡주(곡산)·해주·안주·봉주(봉산)·동주(서흥)·수안군(수안)·황주·토산현(재령? 상원?)·중화현(중화) 등을 말하는데, 이 패서도의 일부 지역이 898년 궁예에게 귀부하였으므로, 이번에는 그보다 북쪽인 지금의 예성강 이북 황해도에 해당하는 10여 주·현이 내항한 것으로 보아야 마땅하다. 이로써 궁예의 서북쪽 경계는 대동강에까지 이르게 되었다.

905년 궁예는 전년에 귀부한 10여 주·현을 포함하여 패서지역의 제도적 정비를 완비했다. 패서지역에 13개의 진을 분정하여 확실한 행정체계 안에 포함시킨 것이다. 진이란 군사와 행정을 겸한 지방행정 단위를 말하는데, 이후에도 변경의 지방제도로 고착된다. 북방 패강도의 10여 주·현이 내항한 후에도 평양 성주 장군 검용이 항복해 옴으로써 궁예의 서북쪽 판도는 대동강 이북에까지 이르게 되었고, 그 후 증성(강서)의 적의·황의적 명귀 등도 귀부하여 궁예의 판도는 더욱 확대되었다. 곧 서북쪽으로는 대동강 이북 지역, 동북쪽으로는 지금의 고성 일대, 남쪽으로는 금강에서 소백산맥을 연결하여 울진에 이르는 선에서 후백제 및 신라와 대치하게 된 것이다. 그리고 여기에 더하여 서남쪽 해상의 전라도 영광 일원과 영산강 이남 지역, 그리고 진도에 이르는 지역도 확보하게 되었다.

이에 따라 후삼국의 판도도 재편되었다. 신라는 지금의 경주를 중심

으로 경북과 경남 일대에 국한되었고, 후백제는 전주를 중심으로 전라
북도 전역, 전남의 북쪽 일부와 충남의 남쪽 일부를 점령하는 정도에
그쳤다. 그에 비해 궁예 세력은 후삼국 중에서 가장 넓은 강역을 보유
함과 동시에 전투력에서도 가장 강성한 세력이 되어 후삼국 통일의 선
두 주자로 나서게 되었다.

국호와 연호에 담긴
궁예가 꿈꾸던 세상

국가의 상징은 국호, 국기, 국화, 국가 등 여러 가지가 있는데 그 중에서도 국호가 가장 우선된다고 할 수 있다. 더욱이 국기나 국화 같은 상징물을 제정하지 않았던 시대에 국호의 중요성은 더 말할 것도 없다. 국호는 한 국가의 대표적인 상징인 것이다.

한편 한 시대의 상징으로는 연호를 들 수 있다. 물론 연호에도 일정한 의미가 있으며, 특히 군주가 자신의 치세에 붙이는 연호는 더욱 그러하다. 일본의 경우는 천황의 호를 곧 연호로 정했으므로 천황마다 한 연호만 사용하였고, 그 의미도 단순히 치세를 구분하기 위한 것이었다. 그러나 이와 달리 우리 역사에서는 군주의 정치적 지향에 따라 연호를 바꾼 일도 있었다. 고려 광종은 광덕·준풍 등의 연호를 썼는데, 이 두 연호는 모두 광종의 자주의식을 나타낸다. 광종은 연호 사용과 함께 자신을 황제라 칭했고, 개경을 황도라고 하여 고려가 중국과 대등한 천자의 나라임을 밝힌 것이다. 때로 중국은 우리나라에 대해 상국임을 과시하기 위하여 연호 사용을 강요기도 했다. 이처럼 연호의 사용은 정치적 의미를 띠었다.

오늘날에도 사람의 이름은 물론이고, 상호도 쉽게 바꾸지 않는다. 더욱이 작명을 할 때는 돈을 들여서까지 좋은 이름을 가지려고 한다. 하물며 일개인의 경우도 그러한데 한 나라의 국호와 연호를 아무 의미없이 바꿀 수 있을까? 잘 알려진 대로 궁예는 국호를 고려·마진·태봉으로, 연호는 무태·성책·수덕만세·정개로 세 번 이상씩 바꾸었는데, 이러한 궁예의 행동은 정신불안에서 오는 변덕으로 간주되고 있다.

그러나 국호 또는 연호의 변경은, 개인의 성격 때문이라고 치부해버릴 만큼 간단하게 생각할 문제가 아니다. 사서의 내용이 왜곡없는 사실이라면 궁예는 정말 광인일 것이다. 그러나 만약 궁예가 처음부터 광인이었다면, 어떻게 그 난세에 국가를 경영할 정도로 성장할 수 있었겠는가? 또한 한 나라의 국호와 연호는 지배집단의 속성과 그 집단이 추구하는 일정한 지향점을 내포하고 있으므로 그 배경에 주목해야 한다.

고구려를 계승한, 국호 고려

901년 궁예가 국가로서의 면모를 갖춘 후 대내외적으로 제정하고 선포한 첫 국호는 고려였다. 국호를 고려라 한 데는 여러 이유가 있을 것이다. 대부분의 논자들은 궁예의 점령지역이 고구려의 옛 땅이라는 데서 그 이유를 찾고 있다. 궁예가 점령한 지역의 토착민인 고구려 유민들을 위무하고 그들의 호응을 기대했기 때문이라고 보는 것이다. 다시 말해 잊혀져가는 옛 나라 고구려에 대한 정서를 자극하여 왕국을 결속시키는 데 이용하려 했다는 것이다.

사실 이 지역에서는 고구려 회귀의식이 팽배해 있었다. 평산 박씨의 경우 장군을 의미하는 고구려어인 '대모달'을 선조의 관호로 칭했을 만큼 고구려를 계승하고자 하는 의지가 보편화되어 있었던 것이다. 궁예가 고려라는 국호를 사용한 것은 이러한 분위기를 어느 정도 반영한 것이었다.

궁예가 국호를 고려로 정할 때까지 점령한 지역을 살펴보면, 897년에 인물 · 공암 · 검포 · 혈구 · 국원 등 30여 성, 898년에 양주 · 견주 · 패강도와 한산주 관내 30여 성, 899년에 국원 등 10여 성, 900년에 국원 · 청주 · 괴양 · 광주 · 충주 · 당성 등으로 일시적으로는 백제와 신라의 영토가 된 곳도 있으나, 대부분 고구려의 옛 영토이다. 그러므로 이 지역의 특수성에 따라 고구려를 계승한다는 의미에서 고려라고 국호를 정한 것은 충분히 납득할 수 있다.

마진에 담긴 뜻은?

궁예가 첫 국호를 고려라 제정한 것은 시의적절한 처사였다. 그러나 영토가 점차 확대되면서 사정이 달라졌다. 백제와 신라지역의 편입이 증가되었기 때문이다. 고려라는 국호는 고구려지역 출신의 여러 세력들에게는 궁예에게 귀부할 명분을 주지만 백제와 신라지역 사람들에게는 아무 의미가 없었다. 무력으로 점령한 지역이라도 통치이념이 있어야 하듯이, 자진해서 귀부한 지역에게는 명분을 주어야 했다.

결국 궁예는 904년에 국호를 고려에서 마진으로 바꾸고, 연호를 무태라 했다. 이 조처는 어느 정도는 어쩔 수 없는 일이기도 했다. 통치지역의 확대에 따른 백제와 신라계 유민들의 편입을 수용하기에는 고려라는 그릇이 너무 작았던 것이다. 그러면 고려라는 그릇을 폐기하고 새로 만든 마진은 어떤 그릇이었을까?

새로운 국호 '마진'은 '마'와 '진'의 합성어이다. '마'는 '마하'의 약칭이고, '진'은 '진단'의 약칭이다. 범어로 '마하'는 '크다'라는 뜻이며 '진단'은 'Chintana'의 음역으로 '진인'을 뜻하는데, 본래는 인도인이 중국을 지칭할 때 사용한 명사였다가, 그 의미가 확대되어 동방 전체를 가리키는 말이 되었다. 그러므로 마하진단의 약어인 '마진'은 대동방국이라는 의미이다. 궁예는 고구려라는 특정 국가를 계승한다는 의식을 버리고 전체를 상징하는 대동방국의 의미인 마진을 채택한 것이다. 마진, 곧 대동방국이 지향하는 것은 두말 할 것 없이 고구려는 물론이고 백제·신라까지 아우르는 통일이었다.

고려 대신 마진을 선택한 것은 한편으로 고구려적 요소와의 결별을 의미했으며, 나아가 궁예의 의지가 고구려 중심의 통일을 지양하고 삼국 공통의 대동방국을 건설하겠다는 것으로 바뀌었음을 보여준다고 이해할 수도 있다. 당시 '고려'라는 국호는 오늘날처럼 통일된 민족과 국가를 뜻하는 것이 아니라 고구려의 후계자라는 의미에서 백제·신라를 배제한다. 따라서 국호 고려를 버리는 것은 곧 고구려를 포기한다는 의미였다.

이러한 변화는 종전의 방침을 추종하던 세력들의 반발을 감내해야한다는 점에서, 궁예로서도 상당한 위험을 감수해야 하는 일이었다. 본래 취약한 기반으로 출발했던 궁예가 후삼국 가운데 가장 강성할 수 있게 된 것은 왕건가와 같은 고구려계 세력의 지원이 컸기 때문이다. 그런데 이제 양길을 물리치고 제대로 된 국가를 창업한 지 불과 4년여 만에 고구려 중심의 세계를 포기한다는 것은, 고구려계 세력으로서는 용납할 수 없는 일이었다. 대동방국이라는 기치가 제아무리 숭고하다 하더라도, 고구려계 세력이 당장 자신들의 상대적 소외를 그냥 보고 넘길 수만은 없었을 것이다.

그렇다면 궁예는 이러한 위험부담을 전혀 예상하지 못했을까? 그렇지만은 않았던 것 같다. 자세한 근거가 없어 단언할 수 없지만, 궁예가 국호를 변경한 더 중요한 이유는 그 자신이 '마진'이 뜻하는 세계를 원했기 때문인지도 모른다. 궁예는 하층 신분으로 출발했다. 당시 전반적인 사회 상층부가 개선을 기대하기 어려울 정도로 부패해 있는 그런 상황에서 하층민들은 천지개벽과 같은 혁명적 변화를 바라는 경우가 많았으며, 특히 말세의식 등이 만연하기도 했다. 실제 도피안사의 〈비로자나불조상기〉 명문 내용 중에는 이 무렵의 말세의식을 표현한 글들이 있다. 이런 점에 있어서는 궁예도 마찬가지였을 것이다. 그도 현재의 상황을 개선하기보다는 혁명을 꿈꾸었을 것이며, 그가 꿈꾸는 세상은 현재보다는 나은 통일된 세계였을 것이다. 고구려나 백제·신라로 분열되어 대립하는 세계가 아니라 마진의 의미처럼 하나로 통합된 대동방국 같은 세계였을 것이다. 고려는 그 꿈을 이루기 위한 과정이었다. 고려라는 이름을 내세운 후 고구려계 세력들의 적극적인 동조로 한반도 중부를 장악한 궁예는 이제 자신의 포부를 펼 시기가 왔다고 판단했던 것 같다. 그리하여 그는 고려를 내려놓고 마진을 앞에 내세웠던 것은 아닐까?

그러나 예측했던 대로 국호 변경은 고구려계 호족들의 거센 반발을 불러일으켰다. 궁예의 돌연한 국호 변경에 크게 놀란 고구려계 호족들은, 고구려주의에서 노선을 바꾼 궁예의 처사에 상당히 불만을 느꼈던 것 같다. 실제 고구려계 호족인 염주인鹽州人 윤선은 궁예가 반대세력들을 죽이는 것을 보고 화가 자기에게 미칠 것을 염려하여 일당과 함께 북방의 국경으로 피신해 그곳에서 흑수말갈과 함께 오랫동안 활동하다가, 왕건이 즉위하여 고구려 부흥의 기치를 올리고 '고려'로 회귀하자 부하들을 데리고 오기도 했다.

이처럼 궁예에게 반발한 고구려계 호족 중에서 대표적인 집안이 왕건가였다. 왕건가의 고구려주의에 대해서는《고려사》에 수록된 이제현의 태조찬에 "태조는 왕위에 오른 뒤, 아직 김부가 항복하지 않았고 견훤이 잡히기 전이었지만 가끔 서도(서경)에 거동하여 친히 북방 변경을 순찰하였다. 그 뜻은 역시 고구려 동명왕의 옛 강토를 우리나라의 귀중한 유산으로 확신하고 반드시 이를 석권하여 가지려고 한 것이었다. 그 규모가 어찌 닭을 잡고 오리를 치는 거기에만 그쳤겠는가?"라 한 것으로도 알 수 있다. 실제 왕건은 궁예가 국호를 고려에서 마진을 바꾼 지 불과 2년 뒤인 906년 경에 9층 금탑을 올라가는 꿈을 꾸었는데 이 꿈은 곧 왕건이 역모를 꾀했음을 뜻한다. 고구려주의자들에게 고려에서 마진으로의 국호 변경은 역모를 계획할 정도로 심각한 사건으로 받아들여졌던 것이다.

이런 분위기는 궁예의 측근으로 있던 송악의 고구려계 세력들 사이에서도 비슷한 양상으로 전개되었던 듯하다. 이들은 정책 변화에 따라 자신들에게 닥쳐올지도 모를 신변상의 변화에 상당한 불안감을 보였던 것 같다. 뒷날 궁예를 축출하는 모의에 적극적으로 동조한 왕건의 첫 번째 부인 정주 유씨 역시 송악에 근거를 둔 호족으로 매우 강력하게 반궁예 전선에 나섰다. 정주 유씨는 왕건에게 "인으로 불인을 치는 것은 옛날로부터 그러합니다. 지금 여러 사람의 의논을 들은 첩으로서도 분심이 일어나는데, 더구나 대장부에 있어서이겠습니까? 지금 여러 사람의 마음이 갑자기 변하는 것은 천명이 돌아왔기 때문입니다" 하며 손수 갑옷을 들어 바치기도 했다. 여기서 정주 유씨가 한 말은 그녀 개인의 견해일 수도 있지만, 그보다는 정주 유씨 가문의 견해라고 보는 편이 무리가 없을 듯하다. 이처럼 송악 고구려계 호족의 반궁예 정서가 강했던 것은 그들이 궁예의 직접 지배 하에 있었기 때문인 듯하다. 한편 송악은 궁예에게는 낯선 이방이었다. 이 지역은 왕건 등 고구려계 호족들의 본거지로서, 궁예가 왕이라고는 하여도 토착적 기반이 없는 까닭에 호족들의 목적이나 이상에 맞지 않으면 결별할 수밖에 없는 그러한 관계였다. 그런 상황에서 그때까지 궁예와 송악 일대 호족들의 관계를 엮어준 고구려주의의 포기는 궁예의 입지를 약화시켰다.

이러한 배경에서 궁예는 천도를 단행한다. 궁예는 송악에서 더 이상 왕권을 유지하기 어려웠던 것으로 보인다. 그리하여 마침내 처음 도읍으로 정했던 철원으로 환도할 것을 결정했다. 그리고 환도와 동시에 청주인 1천 호를 이주시킬 계획을 실천에 옮겼다.

이상적인 낙원의 꿈을 담은 국호 태봉

911년 궁예는 다시 국호를 마진에서 태봉으로 바꾸고 그와 함께 연호도 수덕만세로 바꾸었다. 새 국호인 태봉의 뜻에 대해 따로 명확히 밝혀놓은 기록은 없다. 다만 이병도 선생이 《삼국사기》라고 역주본에

"태봉의 태는 주역 태괘의 '태'를 취한 것이며, 여기에서의 태의 의미
는 '천지가 어울려 만물을 낳고 상하가 어울려 그 뜻이 같아진다'"라고
역주 해 놓았을 뿐이다. 봉의 뜻은 두말할 것도 없이 봉토의 봉이다. 그
러므로 태봉은 '서로 뜻을 같이 하여 편히 사는 세상을 건설하자'라는
의미로 풀이할 수 있다. 요즘으로 말하면 '평화로운 통일천하' 정도로
설명할 수 있을 것이다.

'태봉'이라는 국호는 궁예가 염원한 또 다른 세계관의 표현이다. 궁
예는 태봉이라는 국호에 자신이 추구하는 통일의 방향, 곧 삼국 중 어
느 한쪽에 치우친 통일이 아니라 조화를 이루는 이상적인 낙원을 건설
하겠다는 의지를 담았던 게 아닐까? 또한 그가 말년에 되고자 했던 미
륵의 이상향 용화세계를 국호 태봉으로 표현한 것은 아닐까 추측해볼
따름이다.

그러나 새 국호인 태봉도 고구려주의자들에게 그다지 호응을 얻지 못했던 것 같다. 더욱이 이상세계 실현을 상징하는 국호 태봉은 기득권 세력과의 마찰을 야기할 소지가 있었다. 계급 없는 이상적인 낙원의 구현은 예나 지금이나 하층민들이 바라는 것일 뿐, 지배집단이 바라는 바는 아니다. 따라서 태봉으로의 변화는 이제 고구려계 호족과 함께 기타 기득권 소유층에게까지 반궁예 정서를 확산시키는 빌미가 되었다.

무태에서 성책으로, 다시 수덕만세로

궁예는 20여 년의 치세 동안 무태·성책·수덕만세·정개로 연호를 여러 차례 바꾸었는데, 1년 만에 바꾼 적도 있다. 처음 연호를 제정한 시기는 904년이다. 국호를 고려에서 마진으로 바꾸면서 처음으로 무태라는 연호를 사용했고, 이듬해인 905년에 도읍을 철원으로 옮기면서 성책으로 바꾸었으며, 911년에는 국호를 태봉으로 바꾸면서 연호도 수덕만세로 바꾸었다. 마지막으로 914년에는 다시 정개로 바꾼다.

궁예가 정한 연호에는 큰 특징이 있다. 먼저 네 개의 연호 중 정개를 제외하면 모두 국내외 어느 왕조에서도 사용한 예가 없다. 중국의 것을 차용하지 않고 독자적인 연호를 사용한 것이다. 이 점은 왕건과 비교된다. 왕건은 처음 궁예를 몰아낸 뒤 '하늘이 내려주었다'라는 뜻의 '천수'라는 연호를 사용하여, 자신의 역모가 천명에 의한 것임을 나타내려했다. 그러나 왕건은 통치 7년 만에 독자적으로 써오던 천수를 버리고, 후당의 연호(동광)를 따랐다. 학계에서는 이를 두고 국제정세에 유연하게 대처한 왕건의 정치외교적 역량이라고 말하기도 하지만, 자주적 측면에서는 다르게 볼 수도 있다. 궁예가 통치하던 시기와 왕건이 통치하던 시기의 국제정세는 크게 다르지 않았다. 그런데도 연호 사용에 있어서 차이가 나는 것은, 결국 궁예 정권이 상당한 자주성을 가지려고 노력했다는 사실을 반증한다. 연호와 마찬가지로 국호 마진·태봉도 독자성과 자주성의 측면에서 본질상 일맥 상통한다.

궁예가 사용한 각 연호의 의미를 정확히 파악하기는 힘들다. 단지 수덕만세의 경우만 추정이 가능하다. 수덕만세는 수덕과 만세가 결합된 단어로 볼 수 있다. 여기서 수덕은 음양오행설의 '오행적 역사관'에서 말하는 수덕을 바탕으로 한다. 목·화·토·금·수의 5덕을 기본 덕으로 하는 오행사상은 청나라 말의 중국 고증학자 고힐강 등에 의해 '종교적인 미신'으로 내몰리기도 했지만, 오늘날에도 이를 하나의 과학적인 사상으로 믿으려는 사람들이 적지 않다. 특히 전근대 사회에서 오행적 역사관은 많은 사람들의 사고에 큰 영향을 주어 때로는 도참과 연결되어 미래의 운명을 예언하는 데 이용되기도 했다.

음양오행설의 원리에는 오행상승(극)설과 오행상생설 두 가지가 있다. 이 두 원리는 오행의 운동원리를 기준으로 역사를 합리화하는 점에서는 같다. 그에 따르면 제왕은 오행의 운행에 의해 지위를 얻는다고 하는데, 운행의 순서는 상승설(수·화·금·토·목)과 상생설(목·화·토·금·수)로 구분된다. 오행상승설은 이전의 덕을 극복하고 나아간다는 것이며, 오행상생설은 이전의 덕을 보완하며 계승해간다는 의미이다. 쉽게 말하면 오행상승설은 혁명의 원리, 오행상생설은 선양의 원리라고 할 수 있다.

이 두 가지 설을 적용한 예가 중국의 진시황과 한고조의 경우에서 잘 나타난다. 오행상승설을 신봉한 진시황은 전시대인 주나라를 화덕,

진나라를 수덕으로 보고 수극화의 논리대로 전시대의 가치나 기준을 부정했다. 분서갱유 같은 행위도 그러한 사상적 배경에서 비롯된 것이다. 실패로 끝나고 말았지만 진시황은 전왕조인 주나라의 모든 전통과 유산을 폐기하고 법가를 등용하여 새로운 시대를 열려고 노력했다. 이에 반해 오행상생설을 신봉한 한고조는 주나라를 목덕, 한나라를 화덕으로 보고, 목생화의 논리에 따라 자연스럽게 한나라의 화덕이 주나라의 목덕을 이어받았다고 인식했다. 그러나 한고조에게 있어 수덕의 진나라는 정통 왕조가 아니므로 징벌과 타도의 대상이었다. 이처럼 같은 오행적 역사관이라도 어떻게 적용하는가에 따라 그 덕과 이미지가 달라지게 된다. 그리고 상승설과 상생설 중 어느 쪽을 택하느냐는 주관적인 문제이다.

궁예는 이러한 당시의 음양오행적 사상 중에서 진시황처럼 오행상승설을 채택하고 자신을 수덕으로 삼았다. 궁예가 신라의 덕을 무엇으로 보았는지는 명확하게 알 수 없다. 그러나 오행대로라면 화덕이 되어야 마땅하다. 궁예가 신라를 멸도로 부르며 극단적으로 부정한 태도는 이러한 사상적 기반과 무관하지만은 않은 듯하다. 이에 비해 견훤은 경애왕을 포석정에서 죽이고 경순왕을 왕위에 앉히면서도 '멸도'와 같은 극단적인 용어는 사용하지 않는다. 그리고 왕건의 경우는 대신라정책에서 유연성을 보인 것을 근거로 추정해볼 때 궁예와 달리 상생설을 채택했던 듯하다.

그렇다면 신라를 화덕으로 본 근거는 무엇인가? 구체적으로 해당되는 자료를 찾을 수는 없지만 신라를 닭(계)으로 표현한 데서 어렴풋하게나마 근거를 찾을 수 있다. 당나라 상인 왕창근이 궁예에게 바쳤다는 고경문에 "상제가…… '먼저 닭(계)을 잡고 뒤에 오리를 때린다'라는 것은 왕 시중이 임금이 되고 난 후에 먼저 계림(신라)을 점령하고 다음에 압록강 강안까지 회복하리라는 뜻이다"라는 내용이 나온다. 여기서 신라의 상징은 닭인데, 닭은 오행에서 화를 상징하는 동물이다. 그렇다면 당시 오행사상의 일부에서는 신라를 화덕으로 보는 경우도 있었던 것일까? 곧 신라에 대한 궁예의 극단적인 적대행위는 이러한 천하관 또는 역사관이 반영된 것이며, 궁예가 부석사 벽에 그려진 신라 왕의 초상을 칼로 내리친 것과 멸도로 부른 사실들은 모두 이와 관련하여 해석할 수 있다.

그러나 궁예의 수덕은 만세 동안이나 무궁하기를 원했지만, 그의 역사는 당대에 끝나고 말았다. 진시황 역시 자신의 역사가 대대손손 이어지길 바랐지만, 결국 2대에 망하고 말았다. 그렇지만 두 사람의 포부는 대단했다. 궁예가 꿈꾸었던 수덕이 만세하는 세상은 과연 어떤 것이었을까? 아마도 마진과 태봉이 의미하는 영원한 평화가 있는 평등세계, 즉 대동방국이 아니었을까?

궁예와 왕건

앞에서 궁예가 진시황을 모방한 듯한 행동을 보였음을 살펴보았다. 그러나 궁예와 진시황이 처한 역사적 상황은 달랐다. 진秦이 멸망한 후 한漢은 진의 덕인 수덕을 계승하지 않았다. 한은 화덕을 내세우고 주를 목덕으로 삼음으로써 자연스럽게 오행상생설의 입장에서 주의 목덕을 이어받은 화덕의 한임을 명분으로 내세웠다. 그런데 이와 달리 궁예가 내세운 수덕은 왕건에게 계승되고 있다. 왕건이 수덕을 채용한 사실은 다음의 자료로 확인된다.

> 짐이 산천의 음우를 힘입어 대업을 성취했다. 서경은 수덕이 순조로와서 우리나라의 지맥의 근본이 되어 대업을 만대에 전할 땅인지라 마땅히 사중월四仲月에는 순행하여 백일이 지나도록 머물러 안녕을 이루도록 하라.
>
> 《고려사》 권2, 태조 26년 6월 훈요 제5조

위의 자료는 고려에서 서경을 중시했다는 사실을 전하고 있다. 그런데 흥미롭게 이 기록에서는 서경의 수덕이 순조롭다는 것을 부각시키고 있다. 즉 이는 왕건의 고려도 수덕의 원리를 그대로 채용하였음을 뜻하는 것이다. 그런데 왕건의 수덕은 궁예의 수덕을 계승한 것이 아니라 본래 왕건가에서 채용했던 원리이다. 다음의 자료는 도선이 왕건의 아버지인 용건에게 집터를 잡아주면서 했던 말이다.

이 땅의 지맥은 북방 백두산 수모목간으로부터 내려와서 마두명당에 떨어졌고, 그대는 수명이니까 마땅히 수의 대수를 따라 육육으로 지어 삼십육구로 하면 천지의 대수에 부응하여 명년에는 반드시 성자를 낳을 것이다. 그에게 왕건이라는 이름을 지어주어라.

고려의 덕이 수덕이므로 그에 상응하는 수에 따라 집을 지으면 아들을 낳게 된다는 내용이다. 그러니까 왕건은 수덕에 의해서 태어난 것이다.

여기서 한 가지 의문스러운 점이 있다. 역모를 일으켜 궁예를 몰아낸 왕건은 궁예가 신봉했던 수덕을 바꾸어야 했을텐데 그러지 않았던 것이다. 이것을 보면 당시 수덕은 비단 궁예나 왕건뿐만 아니라 시대적 인식이었던 것 같다. 그러니까 왕건이 궁예를 몰아낸 뒤 수덕을 팽개칠 수 없었던 것 같다.

그렇다면 오행상극에 의한 궁예의 수덕만세는 당시 전 백성들의 지지를 염두에 둔 것으로 명분상 당시의 천하관에서 어긋나지 않았던 것이다. 그렇기 때문에 왕건도 왕이 된 이후 수덕을 바꾸는 대신, 자신의 역모 명분을 당위화하기 위하여 수덕계승의 명분을 확립화하는 작업에 착수했다. 단지 궁예와 왕건이 다른 점이 있다면 이를 위해 왕건은 궁예가 채택했던 오행상승설 대신 오행상생설을 채택했던 것 같다.

오행상생설의 원리대로 하면 수덕은 금덕이 낳으므로 신라는 금덕이라야 했다. 실제로 신라는 쇠가 많이 나는 나라였다. 이에 대해 신라라는 국호가 쇠나라에서 나왔다고 주장하는 사람도 있으며, 또 신라 왕성 중의 하나인 김씨를 쇠와 관련지어 이야기하는 사람도 있다. 어쨌든 신라가 금과 관련이 있는 것만은 틀림없으며, 왕건은 이 금덕을 계승한 수덕의 대표자가 되었다. 이 점은 궁예가 신라를 화로 본 것과는 큰 차이가 있는 것이다.

그렇기 때문에 신라에 대한 왕건의 태도는 궁예와 달랐다. 수극화의 궁예와 금생수의 왕건은 신라에 대한 태도에서 절대적으로 다를 수밖에 없었다. 궁예는 신라를 멸도라 부른 반면, 왕건은 신라에 대해 최대의 우호정책을 폈다. 물론 왕건의 신라 우호정책은 현실적인 문제와 관련이 있다. 왕건이 궁예 정권을 탈취한 뒤 많은 호족들이 등을 돌려 태봉의 내정은 극도의 혼란에 빠졌는데, 이 호족들은 주로 백제계였다. 이들은 왕건이 평화의 상징인 태봉이라는 국호를 버리고 고구려주의를 표방하는 고려로 환원하자, 본래의 소속이랄 수 있는 백제로 반부했다. 이에 따라 왕건은 종전까지 한 울타리 안에 있던 사람들과 등을 돌려야 하는 입장이 되었으니, 그만큼 적이 늘어난 셈이었다. 이런 처지에 궁예처럼 신라를 적대시하여 적으로 만들 필요는 없었다. 신라마저 적으로 만든다면 왕건은 그야말로 사면초가에 빠질 수밖에 없었기 때문이다.

결국 왕건은 궁예를 혁명으로 물리쳤다고 하면서도 한의 고조처럼 수덕을 바꾸지 못하고 그 대신 운용원리를 바꾸어 적용했다. 그것이 바로 오행상생설의 채택으로 나타나게 되었다. 뿐만 아니라 왕건은 즉위하자마자 궁예 때는 실시하지 않았던 신라 관제를 태봉 관제와 혼용하도록 하였으며, 신라에 대해 우호적인 태도를 보였다. 때로 신라는 후백제 견훤의 공격을 받으면 왕건에게 도움을 요청하기까지 했다. 이처럼 왕건의 대신라정책은 궁예의 멸도정책과는 전혀 다른 양상을 보였는데, 이러한 궁예와 왕건의 대신라정책의 차이는 당시의 세계관과 무관하게 진행된 것만은 아니었던 것이다.

한편 궁예와 왕건의 오행적 역사관의 차이는 두 사람의 사회경제적 차이에서 비롯되었다고도 할 수 있다. 궁예가 수원승도라는 피지배계층으로부터 출발하였기 때문에 전통적인 신라의 골품제사회와 그 전통에 저항할 수밖에 없었다면, 왕건은 신라의 보호 아래 송악을 근거지로 활동한 상업세력이었으므로 신라의 전통에 대한 거부감이 상대적으로 적었다고 할 수 있을 것이다. 이러한 양자의 차이는 당시 시대적 과제를 받아들이는 방법론에 있어서도 많은 차이를 보이고 있다. 기본적으로 오행의 적용은 극단적인 주관에 의해서 행해진다. 때로 오행의 원리는 지나칠 정도로 결과에 의한 주관적 해석이 지배하므로 청의 고증학파인 고힐강은 이를 두고 '종교적 미신'이라고까지 했다. 궁예와 왕건의 수덕을 기본 원리로 하면서도 그 운용원리가 크게 다른 것은 '오행사상'의 기본 속성과 관련된 것이라고 할 수 있다.

다시 읽는
궁예식 제도와 관계

통치제도는 한 나라의 정치적 지향점을 간접적으로 시사해주며, 통치구조의 규모는 국가권력의 규모와 거의 정비례한다. 통치구조의 정점인 왕의 실질적인 권력 행사 정도에 따라 중앙집권국가인가 아닌가가 판가름나고, 각 기관들의 서열과 비중은 정치적 지향성을 보여준다. 이처럼 통치제도와 국가의 성격은 정비례 관계에 있다.

중앙과 지방의 통치조직을 설치하다

궁예 세력이 처음 통치체제를 갖춘 것은 명주에 들어갔을 때이다. 이때 궁예는 3천 5백 명의 부하를 14대로 나누었다. 물론 이를 본격적인 통치체제로 보기는 어려우나 "명주에 들어가 …… 선종(궁예)은 스스로

무리가 많아졌다고 생각하여, 개국을 하고 왕을 칭할 만하다고 하여 비로소 내외관직을 두었다"라고 한 것을 보면 초기적인 형태의 통치기구가 있었음을 알 수 있다. 그러나 이때 설치된 내외관의 명칭이나 내용은 알 수 없고, 다만 이때부터 중앙과 지방의 통치조직이 분리해서 존재했을 것이라고 추정할 수 있을 뿐이다.

궁예의 통치조직은 904년 국호와 연호를 제정하는 등 대대적인 개혁을 단행하면서 정비되는데, 중앙 통치조직의 면모는 신라 때의 그것과는 많이 달랐다. 이 관부를 《삼국사기》〈궁예전〉에 기록된 순서대로 나열해 보면 광평성·병부·대룡부(창부)·수춘부(예부)·봉빈부·의형대·납화부·조위부·내봉성·금서성·남상단·수단·원봉성·비룡성·물장성·사대·식화부·장선부·주도성이었다. 신라 말의 관부가 15개 부서였던 데 비해, 궁예가 제정한 관부는 19개 부서로 더 세분화되었다. 이는 궁예의 정부조직이 더 확대되었다는 의미도 된다. 그밖의 특징으로는 대룡부·수춘부 등 다른 시대나 지역에서 찾아볼 수 없는 독특한 명칭이 사용된다는 점이다. 그리고 중국식의 성省·부部를 도입하여 당당한 면모를 과시한 점도 살펴볼 수 있다.

궁예 정권의 최고 통치기구는 광평성이었다. 그런데 이 광평성에 대해 신라의 집사부와 같은 성격의 기구로 파악하여 전제주의를 뒷받침하는 기구라고 보는 견해가 있는 반면, 글자 그대로 국가 중대사를 널리 토의하는 기구였을 것이라고 보는 주장도 있다. 그 외 광평성의 우두머리인 시중이 2명일 것으로 추정하고 이를 신라의 화백회의와 연결시켜 이해하기도 한다. 곧 화백회의가 중앙의 진골세력을 대변한 기관이라면, 광평성은 지방의 호족세력을 대변하다가 중서문하성으로 바뀜으로써 다시 중앙의 문벌귀족세력을 대변하는 기관으로 변해갔다는 것이다. 두 견해 가운데 앞의 견해는 광평성을 행정관부의 성격을 띤 전제주의적 성격으로, 뒤의 견해는 회의체로서 호족연합적 성격을 상징하는 기구로 파악하고 있다.

궁예 정권의 지방 통치조직이 어떠한 형태로 존재했는지에 대해서는 구체적으로 밝혀진 것이 없다. 단지 명주를 점령한 894년에 "내외 관직을 설치했다"라는 기록으로 보아 내직과 함께 외직, 즉 지방 통치 조직도 어느 정도 정비되었을 것이라고 보는 것이다. 그밖에도 "894년에 왕건이 귀부해 오자 철원군 태수를 삼았다"고 한 기록에서, 태수 등의 관명을 지방관직의 하나로 볼 수 있으며 이를 바탕으로 지방 통치 조직이 갖추어져 있었다고 확인할 수 있다.

형률을 엄히 다스리다

궁예의 통치조직이 갖는 특징은 무엇일까? 궁예의 통치조직도 기본 골격은 다른 국가제도와 마찬가지로 임시적 기구의 성격이 아니라 당당한 국가로서의 면모를 갖추었다. 뿐만 아니라 '사대'와 같은 통역기관을 설치한 것은, 궁예 정권이 대외 관계를 당당하게 수행하는 국제국가를 표방하였음을 보여준다. 한편 성황을 수리하는 장선부라는 기구를 두었다는 것도 특이한 점이다.

신라의 사정부 같은 독립적인 감찰기구가 없는 것도 궁예 정권의 특징이다. 사정부는 시정을 논집하고 풍속을 교정하며 규찰 탄핵의 임무를 수행하던 기관인데, 이러한 기관을 설치하지 않은 것을 근거로 궁예가 전제적인 정치 형태를 꿈꾸었다고 해석하기도 한다. 조선의 연산군이 듣기 싫은 간언을 자주 하는 사간원을 없애버린 것처럼 궁예도 그럴 가능성이 있다는 것이다.

그러나 궁예 정권에서 사정 기능이 전혀 없었던 것은 아니다. 형률을 담당하는 의형대라는 조직이 사정부와 비슷한 기능을 담당한 듯하다. 이는 궁예가 형률을 중시하여 사정 기능과 합친 것으로 볼 수 있다. 의형대는 19개 관부 중 여섯 번째로 중요한 기관이었다. 이처럼 형률이 중요시된 경우를 진시황의 예에서 찾아볼 수 있다. 진시황은 법가를 통치이념으로 도입하면서 혹독한 형벌을 통치의 수단으로 삼았는데, 형벌 중심의 통치는 진시황의 오행적 역사관과도 관계가 있다. 오행에서 수덕은 의이며, 의는 바로 형과 관련되기 때문이다. 이 점에서도 궁예의 정치는 진시황과 유사한 점이 있다. 이미 설명했듯이 궁예는 수덕을 칭했으므로, 법률이 엄할 수밖에 없었고, 이러한 엄중함이 뒷날 혹독함으로 연결되어 서술되었는지도 모른다. 어쨌든 유가에서 보이는 넉넉함이 궁예에게는 없다. 따라서 뒷날 진시황이 유가의 탄핵을 받았던 것처럼, 궁예도 김부식 등 유가에 의해 비판받는 게 당연할 지도 모르겠다. 하여간 궁예 정권에서 의형대가 중요하게 취급된 것은 흥미 있는 내용이다.

궁예의 꿈, 능력 중심의 사회

관계官階란 관리들의 공적 질서체계이다. 신라 골품제와 고려 광종 때의 공복제가 이러한 제도의 일종이었고, 고려 전기에 정비되어 조선 시대까지 적용된 문산계와 무산계도 관리의 공적 질서를 체계화한 것이었다. 궁예 정권에서는 관계가 두 차례에 걸쳐 개편·시행되었다. 첫 설정은 국호를 고려에서 마진으로 바꾼 904년에 시행되었다. 궁예가 이 해에 관계를 설정한 것은, 종전과는 다른 새로운 공적 질서를 체계화함으로써 국가의 면모를 새롭게 하려는 의도에서였다. 이때 관계는 정광·원보·대상·원윤·좌윤·정조·보윤·군윤·중윤의 9등급으로 체계화되었다. 그 후 궁예는 국호를 마진에서 태봉으로 바꾼 911년에 관계를 개편했는데, 이때 9단계 관계는 그대로 유지하면서 명칭만 대재상·중부·태사훈·보좌상·광록승·봉조판·봉진위·좌진사로 바꾸었다.

궁예 관계의 특징은 크게 두 가지다. 골품제가 17단계인데 비하여 9단계로 구성되었다는 점과, 명칭 자체가 신분이나 혈통의 의미라기보다는 관직에 가깝다는 점이다.

관계가 9단계 구성이라는 점은 구품관인법九品官人法, 곧 구품중정법九品中正法과 관련이 있는 듯하다. 구품중정법은 조조가 후한을 멸망시킨 후 후한의 관리를 위魏로 흡수하기 위해 실시한 제도로, 위 조정의 백관을 직무의 중요성에 따라 9단계로 구분한 것을 말한다. "고과는 실적에 의해야 하며, 이름에 의해서는 안 된다"는 조조의 원칙을 관철한 구품중정법은 직능을 기준으로 공적 질서체계를 재편성한 것이었다.

한편 궁예의 관계는 신분을 의미하는 '찬'·'간'·'한' 등의 명칭이 많은 골품제에 비해 '상'·'윤'·'대재상' 등 관직을 의미하는 용어가 많다. 이러한 차이는 궁예가 구현하고자 하는 사회의 단면을 보여준다. 종래의 신분제사회를 능력 중심의 새로운 관인 사회로 변모시키고자 하는 의도가 강했던 것이다.

이러한 조치는 가히 혁명적이었다. 이는 곧 혈통을 기본으로 하는 신분제에서 개인의 능력을 기본으로 하는 체제로 바뀜을 뜻하며, 출생과 동시에 보장되던 특권이 사라지고 스스로 노력하여 일정한 자격과 실력을 갖추어야 한다는 것을 뜻한다. 따라서 이대로 실행되면 기존 세력들은 특권을 박탈당할 처지에 놓이게 되고 만다.

혁명적 조치에는 반드시 반대세력이 있게 마련이다. 고려 광종 때에는 과거를 실시하자 반발하는 세력이 형성되어 일시적으로 공포 분위기가 연출되기도 했다. 과거를 실시한 기본 목적이 훌륭한 인재를 등용하고 실력이 없으면 관직에 나갈 수 없게 하였으므로 문벌이나 세습적인 특권을 누리던 사람들에게는 커다란 부담이 될 수밖에 없었다. 실제 과거제 실시로 고려 태조대의 공신들이 거의 씨가 마를 정도였다고 하니, 반대가 엄청났음을 알 수 있다. 결국 과거제는 정치적인 시도에 그

치고 말았다. 광종의 개혁은 성종대에 와서 상당한 타협을 보면서 정리되었다. 물론 과거제의 영향이 아주 없지는 않았지만 어쨌든 폐지되었고, 그에 대한 평가도 혹독했다. 성종대의 명신 최승로는 광종 때 과거에 의해 등용된 인물들을 '온갖 허접스런 놈들(南北庸人)'이라고 표현할 정도였다.

궁예의 관계개편도 광종의 과거제 실시와 비슷한 양상을 보였던 것 같다. 실제로 궁예의 관계가 시행되면 신라의 골품제는 근본적으로 타격을 받을 수밖에 없었다. 골품제는 태어나기 전부터 사회적인 처지가 결정되는 혈연을 기초로 한 신분제였다. 이러한 신분제가 궁예에 의해 능력 중심으로 바뀐다면, 골품제 아래서 특권을 누리던 신라 귀족들은 하루아침에 몰락하게 될 것이고, 만약 궁예가 통일까지 이룬다면 신라 귀족들은 그야말로 발 디딜 틈조차 없게 되는 것이었다. 어쩌면 이러한 조치 때문에 "궁예는 신라에서 귀부한 사람들을 다 죽였다"라고 묘사되었는지도 모른다. 실제로 귀족 신분을 빼앗긴다는 것은 자본가가 파산 선고를 받은 것 이상이므로, 이에 대한 반발이 적지 않았을 것이다. 훗날 왕건은 이런 분위기를 반영해서 태봉과 신라의 관계를 동시에 사용하겠다는 지침을 내리기도 했다.

한편 궁예 관계에서 문무의 구분이 있었던 흔적은 없다. 이 시기만 하더라도 문신과 무신을 구분할 정도로 관료의 성격이 세분화되어 있지는 않았다. 문무의 구분은 조선시대에 들어와 과거제도가 정비되면서부터 확실시된다. 물론 문무관료의 직책상 구분은 고려시대부터 확립되어 있었지만 관계로 구분되어 있지는 않았던 것이다. 고려시대에도 문산계와 무산계가 나누어져 있긴 했지만, 실제로는 무신도 무산계가 아닌 문산계의 적용을 받았고 무산계는 지방의 향리·여진의 추장·탐라의 성주 등 신분이 다른 사람에게 적용되었던 것을 볼 수 있다. 이러한 점을 볼 때 궁예 관계에서 문무의 구별이 있었던 것 같지는 않다.

왕미륵을 꿈꾸며

궁예는 왕이 되었다. 자신의 왕국을 창건하여 후삼국 중 가장 강력한 국가를 이룩한 것이다. 그러나 그의 꿈은 여기서 멈추지 않았다. 그는 지상의 권력을 소유한 왕만으로는 만족하지 않았던 것 같다.

궁예와 관련된 자료를 보면 유달리 불교 관계 자료의 비중이 크다. 견훤과 비교해보면 더욱 그러한데, 특히 불경을 지었다거나 스스로 미륵불을 칭하는 등 불교에 대해 비판적이었음을 보여주는 자료들이 적지 않다. 그러나 이 자료들은 달리 분석하면 불교에 대한 궁예의 인식이 부정적이지만은 않다는 점을 찾아낼 수 있다. 먼저 그가 미륵불을 자칭했다는 점을 강조한 다음의 내용을 분석해보자.

> 궁예는 미륵불이라고 자칭하여 머리에 금책을 쓰고 몸에 방포를 입었으며 큰아들을 청광보살이라 하고 둘째아들을 신광보살이라고 했다. 밖

에 나갈 때면 늘 흰 말을 타는데 비단으로 갈기와 꼬리를 장식하고 소년·소녀들로 하여금 일산과 향과 꽃들을 받들고 앞에서 인도하게 했다. 또 비구 2백여 명에게 명하여 범패를 부르면서 뒤따르게 했다.

이 기록은 보통 궁예의 그릇된 불교관과 사치스런 행위를 보여주는 예로 자주 거론된다. 이 기록을 글자 그대로 해석하면 충분히 그런 내용으로 볼 수 있다. 자신을 미륵불이라 하고 자신의 아들을 보살이라고 칭하는 것은 보통 사람이 할 만한 일은 아니다. 그러나 당시로서는 이러한 처사가 아주 특이한 일만도 아니었다. 궁예 이전의 왕들 중에도 자신을 부처와 동일시하고 자신의 가계를 부처와 연결하여 신성시한 경우가 있었다. 신라의 중흥조로 일컬어지는 진흥왕은 수미사주의 세계를 통솔하는 윤보를 굴리며 사방을 위엄으로 굴복시킨다는 전륜성왕에 비유되었다. 뿐만 아니라 진평왕과 그 왕비는 자신들의 이름을 석가의 부모 이름인 백정과 마야부인이라고 했으며, 진평왕 동생의 이름도 석가의 숙부인

● 궁예석등

백반과 국반에서 취했다. 이러한 사실을 두고 학계에서는 석가의 권위를 빌려 왕권을 강화하려는 처사라고 해석한다. 그런데 궁예가 스스로 미륵불을 칭한 사실만은 그렇게 이해하려고 하지 않는다. 대체로 감히 미륵불을 참칭했다고 하여 궁예의 과대망상 증상을 보여주는 예로 이해하려고 한다. 그러나 석가가 아닌 미륵이 되고자 했다는 점만 제외하면, 그 행위 자체는 왕권을 강화하기 위해 석가나 미륵의 권위를 이용했다는 점에서 신라의 진흥왕·진평왕과 다를 것이 없다.

또 궁예가 미륵신앙을 강조한 것도 그다지 이상할 게 없다. 당시 궁예뿐만 아니라 신라의 지배세력도 《미륵하생경》을 근거로 신라 사회를 미륵이 출현한 시대로 인식시키려고 했다. 백성들에게 사랑과 평화가 가득한 미래사회가 기다린다는 생각을 갖게 하고자 미륵환생이나 용화세계에서의 왕생과 같은 이야기를 꾸며낸 것이다. 때론 왕이나 승려 자신이 현화한 미륵불이라고 하기도 했으니 궁예의 미륵신앙만 유독 잘못된 것이라고 볼 수는 없다. 궁예의 미륵불 사상은 당시 지배방법의 한 유형일 뿐이었다.

궁예의 화려한 종교행렬 역시 당시의 일반적인 현상이었다. 진표의 경우, 그가 보살의 현화를 보고 금산사 중창을 시작하자 용이 나타나 가사를 바쳤고 8만 권속들이 그를 모시며 따라왔다고 한다. 또한 진표의 소문을 듣고 수없이 많은 사람들이 몰려와 며칠 만에 금산사 중창이 끝나고, 진표의 어머니가 금산사 중창 때 용화세계에서 내려와 불사를 거들었다고도 한다. 이러한 소문은 모두 민중의 마음을 얻기 위해 만들어진 것이다. 그런데 진표의 경우 화려함은 궁예보다 훨씬 더해 무쇠로 미륵장륙상을 만들고, 미륵이 용화세계에서 오는 모습을 금당 남쪽 벽에 그렸다고 하였다(766년, 혜공왕 2). 그럼에도 불구하고 진표의 이러한 행위와 현상은 그의 덕망이 컸음을 의미하는 것으로 받아들여진다. 궁예의 경우와는 다르게 해석하는 것이다.

궁예도 정치적인 목적으로 일정한 의식이 필요했을 것이다. 궁예가 자신을 따르는 무리를 2백여 명 이상으로 했다는 것도 미륵의 환생을 조작하여 통치에 이용하기 위해서인데 이러한 일은 당시로서 크게 이상할 것도 없었다. 더구나 궁예는 단순한 승려가 아니라 국왕이었다. 국왕인 궁예가 자신의 무리를 거느리고 다니는 것은 당연했다. 게다가 8만 이상의 권속이 그 뒤를 따랐다는 진표에 비하면 그리 화려하지도 않은 당연한 현상이라고 할 수 있다.

궁예의 미륵사상을
어떻게 이해할 것인가

궁예의 사상은 미륵사상으로 알려져 있으며, 일반적으로 광신적 불교로 보고 있다. 궁예의 사상이 미륵신앙인 것은 분명하다. 그는 맏아들의 이름을 관음보살의 상징인 청색의 청광으로, 둘째아들의 이름을 미타불이 내는 광명을 뜻하는 신광으로 지었다. 이러한 궁예의 미륵사상을 법상종의 한 갈래로 인식하는 경향이 있는데, 이는 진표에 의해 주창된 법상종이 미륵불을 주존불로 하고 있기 때문이다. 한편 궁예가 세달사에서 당시 진골들이 학습하던 화엄학을 배웠으나, 후일 정치적 목적에서 진표 계통으로 보이는 미륵신앙에 심취하게 되었다고 보는 견해도 있다.

그러나 궁예의 미륵사상은 불가에서 말하는 본래 미륵사상과는 달랐던 것 같다. 머리에 금책을 쓰고 넓은 포를 입었으며 비구를 2백 명이나 따르게 할 정도로 행차가 호화스러웠다는 사실은 진표의 경우와 비교해보더라도 그다지 특이할 것은 없다. 다만 궁예가 미륵이 경계한 말을 타고 보관으로 금책을 썼으며, 얇은 가사가 아닌 방포를 입고 다닌 것으로 볼 때, 미륵을 주존으로 하며 행을 주로 하는 법상종과는 다소 차이가 있었던 것 같다. 어쨌든 궁예는 정통적인 불교 교리를 그대로 따랐다기 보다는 상당 부분을 자의적으로 해석한 것으로 보인다.

여기서 잠시 나의 종교관을 피력하고 싶다. 우리는 흔히 정통을 거론하며 타종교를 이단시하거나 배척하는 것을 자주 접할 수 있다. 그런데 지금의 불교와 원시불교, 지금의 기독교와 원시기독교를 비교해 보면 종교는 역사적 환경이나 문화적 조건에 따라 변화되어야 당연한 것이 아닌가?

기존의 사상체계를 부정하는 궁예의 경전들

불교에 대한 궁예의 식견이 남달랐다는 사실은 그가 20여 권의 경전을 지은 것을 통해서도 잘 알 수 있다. 적지 않은 분량의 경전을 지은 걸로 보아 궁예가 불교에 상당한 관심을 갖고 있었다는 사실을 다시 확인할 수 있다.

궁예가 저술했다는 경전은 남아 있는 것이 없어서 그 내용을 알 수는 없으나, 경전과 관련된 기록들을 살펴보면 대강의 성격을 추정할 수는 있을 것이다. 궁예는 직접 지은 20여 권의 경을 강론하기도 했는데 때로는 자신의 견해와 다르다는 이유로 사람들을 가혹하게 처벌하기도 했다. 그와 관련하여 석총과 관계된 기록이 전한다. 승려 석총이 궁예가 저술한 경전을 두고 요망한 말이라고 직언하자, 궁예가 경전에 대한 해석이 자신과 다르다는 이유로 석총을 철퇴로 때려 죽였다는 것이다. 이 사건은 궁예가 자술했다는 경전의 성격과 불교에 대한 그의 생각을 밝히는 중요한 단서가 된다.

궁예에게 맞아 죽은 석총은 진표계의 법상종 승려로, 왕건에게 간자를 전한 인물로 알려져 있다. 그런 석총이 궁예가 자술한 경전 20여 권이 요사하고 허망하여 모두 정당하지 못하다고 한 걸 보면 궁예의 미륵신앙은 법상종과도 달랐음을 알 수 있다.

그렇다면 궁예의 불교사상은 기존 불교와 어떤 면에서 달랐고 또한 같은 미륵신앙 신봉자인 진표와 다른 점은 무엇일까? 그 차이를 구체적으로 알려주는 자료는 없다. 다만 궁예의 경전 내용은 전문 승려인 석총이 혹평할 정도로 기존 불가와는 상당한 거리가 있었던 것으로 보이며, 미륵을 신봉한다고는 하지만 실제로는 불교의 교리와 근본적인 차이가 있었던 것으로 보인다. 또 한편으로는 죽임을 당한 석총이 전문 고급 승려인 반면, 궁예는 수원승도 출신이라는 점에서 경을 해석하는 데 차이가 있었을 수도 있다. 전문 승려인 석총이 교리에 충실했던 데 비해 궁예는 현실적인 문제와 실천적인 역할에 더 비중을 두었을 것으로 보기도 한다.

신채호는 궁예의 사상적 경향이 유·불·선을 융합한 한국적인 것이라고 했다. 비록 소설에서의 추정이지만, 막연히 불교와 연관지어서만 해석하려던 궁예의 사상 추이를 확대해서 밝히려 했다는 점에서 고무적이다. 한편 궁예 경전의 일부라고 전해지는 내용이 〈함흥무가〉에 남아 있는데, 그 내용이 기존의 불교 교리와는 크게 달라 흥미롭다.

지나간 세상에 미륵이 석가와 함께 도를 닦았는데 먼저 도를 이루는

● 쌍미륵사의 미륵

자가 세상에 나가 교를 펴고 다스리기로 했다. 한 방에 같이 자면서 무릎 위에 먼저 모란꽃이 피는 자가 이기는 것으로 내기의 원칙을 담았다. 그 날 밤 석가가 거짓으로 잠든 체하고 미륵을 바라보니 무릎에서 꽃이 피어 오르고 있었다. 이에 석가는 도둑의 마음으로 그 꽃을 꺾어 자기 무릎에 꽂았다. 미륵은 그것을 알고 석가에게 더럽다고 욕하면서 먼저 세상을 다 스리라고 했다. 그러므로 석가시대에는 사람들이 도둑의 마음을 가지게 되었으며, 지금이야말로 미륵인 나의 시대이다.

이것이 궁예 경전에 포함된 내용인지 아닌지는 접어두고, 일단 그 자 체만으로 어떤 의미인지를 확인해보자. 여기서는 석가를 깨달은 사람 으로 인정하지 않으며, 반대로 미륵의 깨달음은 크게 평가하고 있다. 심지어 석가의 깨달음을 미륵의 짓을 도둑질한 처사로까지 매도하고 있으니, 석가를 신봉하는 사람들에게는 욕이나 다름없는 내용이다.

이 내용은 단순히 미륵불을 신앙한다는 것 이상의 시대적 의미를 담고 있다. 즉 석가를 신봉하는 종교체계를 부정하고 있는 것이다. 교종 중심의 사상계뿐만 아니라 선종 계열의 사상계마저 부정하고, 오직 미륵 중심의 불교세계가 구현되기만을 바란다고 할 수 있다.

이 무가가 궁예가 쓴 것인지는 밝힐 수 없으나, 미륵불에 대한 이러한 유형의 희구는 이 시기뿐만 아니라 늘 있어왔다. 그러나 미륵신앙은 신라 왕실 중심의 화엄종과, 지방호족들과 결탁하여 교세를 확장해가던 선종세력들에게 밀려나고 말았다.

궁예의 정치와 미륵관심법

궁예와 불교의 관계를 사상적으로 접근하는 것은 매우 어려운 문제다. 따라서 궁예가 불교를 정치적으로 어떻게 이용하려 했는가를 살펴보는 게 좀더 설득력 있는 접근방법일 것이다.

종교가 현실정치에 이용된 예는 얼마든지 있다. 미륵신앙도 정치에 이용된 예가 많은데, 궁예의 경우가 그러했다. 미륵신앙은 정토신앙보다 열세였으나, 신라 하대로 내려오면서 민중 중심의 미륵신앙이 널리 유행하게 되었다. 미륵불의 본래 뜻은 사랑과 평화였으므로, 하층민들은 미륵불이 출현하면 고통과 차별이 사라진다고 믿었다.

미륵신앙의 소의경전은 미륵삼부경으로 일컬어지는 《미륵상생경》, 《미륵하생경》, 《미륵대성불경》이다. 《미륵상생경》은 죽어서 미륵이 된다는 것이고, 《미륵하생경》은 미륵이 내려와 세상을 이상적으로 바꾼다는 의미이다. 자칭 미륵불은 《미륵하생경》에 근거한다.

물론 민중들만 미륵신앙을 신봉했던 것은 아니다. 신라의 지배세력도 미륵신앙에 열중하여 미륵신앙과 화랑도를 연결시키기도 했고, 이념적 도구로 이용하기도 했다. 그런데 궁예의 경우는 좀 더 혹독한 평가를 받는다. 특히 궁예의 미륵관심법은 미신의 극단적 사례로까지 평가되고 있다. 미륵관심법은 일종의 신통력으로 모든 사물을 꿰뚫어 본다는 예언적 술법인데, 혹자는 궁예가 신정정치神政政治를 구현하기 위한 방법의 하나로 미륵관심법을 이용했다고 평가하기도 한다.

헨리 8세와 왕미륵

궁예와 불교의 관계를 살펴보다 보면 영국의 헨리 8세가 떠오른다. 궁예와 헨리 8세는 종교를 정치 아래 두려고 했다는 공통점이 있다. 헨리 8세는 가톨릭 교회가 자신의 이혼을 반대하자 가톨릭 세계에서 탈퇴하고 독자적인 교회를 만들어 국왕의 권력 앞에 굴복시켰다. 우리에게 〈천일의 앤〉이라는 영화로 잘 알려진 사건의 주인공이 바로 헨리 8세이다. 헨리 8세는 가톨릭 교회와의 싸움이 불거지자 영국 교회의 우두머리는 교황이 아니라 자신이라는 '수장권'을 선포하고, 이에 반대하는 토마스 모어 같은 사상가들을 죽이기까지 했다. 이렇게 하여 성공회로 알려진 영국 교회가 생겼다.

궁예도 불교를 정치 아래에 두려고 했던 흔적이 나타난다. 궁예는 미륵이 경계한 말을 타고 다니고, 자신의 설법에 반대하는 승려 석총을 때려 죽였으며, 승려 경미도 살해했다. 이러한 행동은 헨리 8세의 행동과 크게 다르지 않으며, 단순히 개인의 잔학성만을 가지고 논할 문제도 아니다. 궁예는 정치에서 최고 실력자일 뿐만 아니라 종교계에서도 최고의 존재임을 과시하고자 했고, 이를 실천에 옮겼던 것이다. 헨리 8세는 성공했으나 궁예는 실패했다는 것이 다를 뿐이다.

궁예가 실패한 원인은 당시 종교계의 변화 추이를 정확하게 판단하지 못한 데 있을 것이다. 신라 하대로 오면서 종교는 점차 정치에서 분리되어간다. 교종은 여전히 중앙 정치권력과 밀접하게 연결되어 있었지만, 지방에서 태동되기 시작한 선종은 지방호족들과 결탁해 거의 독립적인 세력을 유지했다. 구산선문으로 대표되는 선종 사원들은 승군과 같은 자체 무장 방위력까지 갖추고 있어, 중앙권력으로부터 벗어난 상태라고 해도 좋을 만큼 독립적이었다. 그리고 이러한 현상은 호족의 분립과 함께 지방분권의 한 표징으로 나말여초의 시대적 특징이기도 했다. 그러나 궁예는 이처럼 독립을 지향하는 종교를 왕권의 직접 통제 아래 두려고 했기 때문에 마찰이 생겼던 것이다. 자신을 미륵불, 두 아들을 보살로 상징화시킴으로써 세속적인 정치권력과 상징적인 종교 모두를 자신의 지배 아래 두려고 한 것이다.

궁예는 왕인 동시에 미륵이 되고자 했다. 곧 왕미륵이 되고 싶어했다. 궁예가 정좌하여 강설하는 모습은 미륵불이 용화수 아래서 강설하는 모습에 비유되기도 하는데, 이를 부정적으로 보면 과대망상적인 정신질환의 증거가 될 수도 있다. 그러나 하생한 미륵불의 장엄함을 나타내기 위해 화려한 행차를 하고, 미륵불인 궁예의 공덕을 찬양하기 위해 범패를 부르며 따르게 하고, 석총이나 경미의 경우처럼 자신과 다른 견해를 밝히는 집단에게 상당한 탄압을 가했던 것 등은 종교적인 맥락에서만이 아니라 정치와 관련해 파악해야만 정확한 사실에 접근할 수 있다.

● 봉암사 서낭당

　끝으로 궁예의 사상적 추이는 토착신앙과의 관련 속에서도 이해해
야 할 대목이 있다. 궁예가 장선부를 두어 서낭城隍을 관장하도록 했다
는 것은 토착사상과 관련이 있는 것으로 보이기 때문이다. 성황은 우리
말로는 서낭이라고 하는데, 서낭은 본래 중국의 성지城池를 뜻했다. 성
지는 성읍을 수호하기 위해 성 둘레에 파놓은 못인데, 그 성지의 신인
수·용庸을 성읍의 수호신으로 신앙한 것이 서낭이라고 한다. 중국에
서는 송대에 서낭신이 보편화되었고, 우리나라에서는 고려 문종 때 신
성진新城鎭에 성황사를 둔 것이 처음이라고 한다. 그런데 궁예 관제에
서 서낭을 수리하는 기구가 나오고 있다. 이 관부의 기능이 문자 그대
로 성지만 수리하는 기관인지 아니면 신앙까지 관장했는지에 대해서
는 자료의 부족으로 정확히 알 수 없다. 그러나 서낭신의 유래가 성지

를 보호하는 신에서 유래했다면, 장선부의 기능도 성지 수리와 함께 이와 관련된 신앙까지 관장하는 것으로 보아야 할 것이다. 이러한 점에서 궁예관부에 장선부가 있다는 사실은 서낭신의 중국유래설을 반론할 수 있는 근거를 제공한다. 송의 건국이 궁예의 치세보다 늦은 것으로 보면, 서낭신은 오히려 우리 고유 사상의 한 갈래로 볼 수 있는 근거를 제공하기도 한다. 또한 그렇다면 서낭 같은 풍속이 외래사상이 아니라 우리 고유 풍속의 하나였을 것이라는 설명도 가능할 것이다.

재조명되어야 할
궁예식 국제관계

궁예 정권의 대외 관계에 대한 기록은 그다지 많지 않다. 국경을 맞대고 항전했던 견훤과의 관계도 몇 차례의 전투 사실만 남아 있고, 신라와의 관계도 궁예가 신라를 아주 싫어했다는 정도만 알려져 있다. 중국과의 관계는 우리나라 사서에는 전혀 나오지 않는다.

그러나 궁예의 대외적인 안목은 탁월할 데가 있었다. 궁예는 마진시대에 외국의 사신을 맞이하는 기관인 봉빈부를 설치하였고, 또한 여러 나라의 언어를 관장하는 기관인 사대도 설치했다. 사대의 존재는 그가 외교에 폭넓은 안목이 있었음을 의미하기도 한다. 이처럼 외교 및 외국과 관련된 기구가 설치되어 있었다는 사실은 궁예 정권이 대외 관계에 아주 많이 관심을 기울였다는 증거다.

궁예 정권기는 쟁패를 벌이던 전쟁기였고, 중국 대륙도 당이 멸망한 후 분열 상태가 지속되었으므로, 궁예로서는 대륙과의 관계가 그리 절실하지 않았다. 사실 대외적인 문제보다는 대내적인 문제가 선결 과제였다. 아직 후삼국의 판도가 정리되지 않은 상태에서 내분이 일어난다면 큰 부담이 될 수밖에 없었던 것이다. 그럼에도 불구하고 봉빈부나 사대 같은 기구를 두었다는 것은 국제 관계에 대한 궁예의 특별한 관심을 반영한 결과라고 할 수 있다.

자주노선을 앞세운 대중국관계

우리나라 역대 왕조는 중국과의 대외 관계에 큰 관심을 보이고 때로는 굴욕적이라고 할 만큼 우호적인 태도를 보였던 적도 있었다. 이는 일제 관학자들에 의해 '사대주의'라고까지 일컬어지기도 했다. 지금 미국의 눈치를 보는 것과 마찬가지로, 외세의 간섭에 민감할 수밖에 없는 것이 우리의 실정이었다. 이성계는 국호결정을 명나라에 의뢰하기도 했다.

그러나 궁예는 중국에 대해 그렇게까지 민감하게 반응했던 것 같지는 않다. 대중국 정책에 대한 사료가 부족하기도 하지만, 실제로 당시의 동아시아 국제정세 속에서 중국과의 교류가 그다지 절실하지 않았던 것도 이유의 하나가 된다. 당시 중국은 절도사가 난립하였던 당말오대라는 분열기였다. 이 틈을 이용하여 주변국들은 중국 중심의 천하에서 이탈하려는 움직임을 보이고 있었다. 마찬가지로 궁예로서도 이러한 시대 분위기에 자극된 것만은 틀림없다. 그는 후백제나 신라와 계속 무력충돌을 하면서 중국과 적극적 외교 관계를 가지려고 하지는 않았던 것 같다. 궁예의 대중국관계는 이러한 외적 배경보다는 궁예 자신의 외교적 노선의 발로로 보는 것이 더 온당할 것 같다. 궁예는 스스로 마진이라는 대동방국을 선포할 정도로 자주노선을 밟으려 했기 때문에 중국에 대해서는 자연히 소홀할 수밖에 없었다는 뜻이다.

그런데 이러한 소극적인 대중국 관계만을 근거로 궁예의 외교 안목이 편협했다고 보는 견해도 있다. 견훤은 오월과 통교했고, 왕봉규 같은 호족도 직접 중국과 통교한 데 비해 궁예는 그렇지 못하다는 것이다. 그러나 이 무렵 견훤·왕건·왕봉규 등이 중국과 외교 관계를 맺은 것은, 중국의 책봉을 받아 정통성을 인정받기 위해서였다. 그러니 동아시아 정세를 바라보는 관점이 달랐던 것이지, 궁예의 외교 안목이 편협한 것이 아니었다. 궁예는 중국의 권위를 빌리려 하기보다는 중국의 분열을 틈타 독자적인 왕국을 건설하려고 했던 것이며, 완전한 탈중국화를 계획했기 때문이다.

더구나 궁예의 중국에 대해 식견은 상당했다. "천복 원년 신유 선종이 왕을 지칭하고 사람들에게 말하기를 옛날에 신라가 당나라에 병사를 청하여 고구려를 격파하였기 때문에 평양 옛 서울이……"라고 한 것을 보면, 궁예는 고구려를 멸한 신라의 배후에 당이라는 존재가 있었음을 의식하고, 중국을 위협적인 존재로 생각했음을 알 수 있다. 궁예가 관제에 봉빈부를 두어 외국 사신의 접대를 꾀하려 한 점이나, 역어를 담당한 사대를 둔 것을 볼 때도 외교를 무시한 것이 아니라 오히려 외교정책 전담기구를 두고 충실히 수행하려 한 의도를 엿볼 수 있다.

그렇다면 궁예가 중국에 사신을 보내지 않은 이유는 무엇일까? 이는 궁예의 자신감과 당시의 사회 상황에서 찾을 수 있다. 당시 중국은 통일왕조 당이 무너진 후 혼란한 틈을 타 여러 세력들이 패권을 차지하기 위해 다투고 있었다. 따라서 정치적인 실력도 없었고, 각국이 모두 황제를 칭하고 연호를 사용하여 정통성을 찾기도 힘들었다. 동아시아 세계관의 큰 변혁기였다. 이러한 때 궁예는 독자적으로 국가를 설립하고 그 포부를 펼쳐보려 했기에 마진·태봉·수덕만세 등 독특한 연호를 사용하면서 탈중국화를 꾀했다. 곧 궁예는 이렇게 자신감에 차 있었으므로 구태여 중국으로부터 권위를 빌려올 필요가 없었던 것이다.

이러한 궁예의 존재는 당시 중국에도 알려져 있었다. 《자치통감》에는 "정명 5년(919) …… 일찍이 당나라가 고려를 멸망시켰는데, 천우 초에 고려의 석굴사에 애꾸눈―眇 중僧 궁예가 무리를 모아 개주에 웅거하면서 왕이라 칭하고 태봉국이라고 하였는데 이해에 이르러 좌랑사 김입기를 보내어 오나라에 조공했다"라고 하여 궁예가 사신을 보낸 것으로 되어 있다. 그러나 919년은 고려 개국 이후이다. 그런데도 왕건의 나라가 아닌 궁예의 나라로 서술되어 있다. 이 사실은 궁예의 태봉은 중국에도 널리 알려질 정도로 강대한 세력이었다는 사실과 함께 궁예의 치세에는 중국과 통교가 거의 없는 상태였다는 근거가 된다. 실제 궁예의 태봉은 중국에 조공을 바치지 않았고, 동아시아 사회에서 독자적인 위치를 유지하고 있었던 것이다.

궁예가 중국에 사신을 보내지 않은 것은 그의 외교 안목이 좁아서가 아니었다. 궁예는 책봉체계로 구성된 중국 중심의 동아시아 세계질서로의 편입을 거부하고, 오히려 그로부터 이탈하여 독자적인 위치를 구축하려고 했던 것이다. 그것이 양국간에 통교 기사가 없는 이유이며 궁예의 외교에 대해 다시 검토해야 할 부분이다.

의외로 적극적이었던 대거란 관계

궁예는 중국과 그다지 긴밀한 관계를 유지하려고 하지 않았지만 거란과는 상당히 적극적인 외교 관계를 유지했다. 이 점에서 궁예의 외교적 안목이 보인다. 궁예와 거란의 관계에 대한 내용은 우리나라 사서에는 보이지 않고《요사》에 나온다.

915년(거란 태조 9년) 겨울 10월 무신년에 고려에서 사신을 보내 보검을 올렸다는 기록이 있고, 918년(신책 3) 2월 계해년에 진·오월·발해·고려·조·당항·유주·진주·정주·위주·로주 등이 각기 사신을 보내 조공했다는 기록이 남아 있다. 또 918년 3월에 고려 및 서북제번이 모두 사신을 보내와서 조공했다는 기록이 있다.

이 기사들은 모두 요의 일방적인 입장에서 쓰여진 조공관계 기사이다. 그리고 남아 있는 기록들만 보면 궁예가 거란을 상국으로 모신 것처럼 보인다. 그러나 실제 상황은 이와 달랐던 것 같다.

거란은 요하 상류의 시마무렌에서 유목생활을 하던 미개한 종족이었는데, 당말 혼란기에 이르러 야율아보기가 부족 통합에 성공하여 916년 거란국을 세우고 연호를 신책이라 하여 처음으로 국가의 모습을 갖춘다. 그 후 거란은 918년이 되어서야 임한을 도읍으로 삼아 성을 쌓는 등 나라의 외형을 갖추었다. 곧 궁예가 보검을 바쳤다는 915년에 거란은 아직 국호도 정하지 못한 상태였다. 그에 비해 궁예는 이미 후삼국의 절반 이상을 휘하에 거느릴 정도로 성장해 있었다. 국호와 연호도 오래 전에 제정하였으며, 나아가 관제도 정비되어 국가의 면모를 완연히 과시할 때였다. 그러므로 궁예가 거란을 상국으로 모셔 보검을 바쳤다고 보기에는 무리가 있다. 이때의 보검은 궁예가 하사한 것인 듯하다.

　나라와 나라 사이에 검을 교환하는 것은 오래 전부터 있어왔던 관행이다. 대표적인 예로 백제가 왜왕에게 하사한 칠지도를 들 수 있다. 물론 칠지도에 대해서는 당시 양국의 국력 차이를 들어 백제의 하사품이냐 진상품이냐 하는 문제로 갑론을박하고 있으나, 어쨌든 칠지도를 통해 당시 국제 관계에서 검을 신표로 주는 것이 일찍부터 실시된 관행임을 확인할 수 있다. 그리고 검의 성격이 하사품인가 진상품인가 하는 문제는 일반적으로 국력의 강약을 근거로 한다는 것도 알 수 있다. 그러므로 당시의 국제정세를 볼 때 915년에 궁예가 거란에게 보낸 하사품으로 보는 것이 옳다. 궁예는 신흥국인 거란에 보검을 하사함으로써 삼국으로서의 자신의 국제적 위상을 확고히하려 했던 것으로 보인다.

　한편《요사》의 기록에 궁예가 거란에 사신을 보내 조공하였다는 내용도 사실과는 상당한 거리가 있는 것 같다. 기록에는 고려라고 되어 있으나 궁예는 왕건에게 918년 6월에 축출되므로 이 당시는 궁예의 치세였다.《요사》에 기록된 순서를 볼 때 고려는 발해 다음의 서열에 있다. 이러한 사실은 거란에서 이미 궁예의 실체를 인정하고 있었음을 의미한다. 발해는 거란인들을 지배하던 세력이었으므로 그 강성함에 대해서는 누구보다도 거란인들이 잘 알고 있었다. 그런데 바로 그 뒤에 고려를 기록했다는 것은 그 실체를 인정했다는 것으로 보아야 한다. 또 궁예 정권을 고려라고 칭하여, 서북제번이라고 표현된 다른 번국보다 앞선 서열에 놓고 격을 달리하여 기록하고 있는 것도 그 실체에 대한 인식을 달리했기 때문이었다. 이 같은 사실은 궁예 정권의 존재가 동아시아 일대에 널리 인식되어 있었음을 보여주는 것이다. 따라서 궁예가 거란에게 조공을 바쳤다는 기록은 지나치게 거란의 입장에서 쓰여진 것으로 볼 수밖에 없다.

궁예와 거란의 위상이 어떻든 간에 두 나라 사이를 적대적인 관계로 볼 만한 근거는 없다. 오히려 보검을 하사한다든지 사신을 교환했다는 것을 보면 우호적인 관계를 유지했다고 할 수 있다. 당시 후백제는 오월과 통교한 기록이 있는 반면 거란과는 교섭이 없었다. 또 궁예를 전복하고 왕이 된 왕건은 거란에서 보낸 사신을 귀양 보내고 낙타는 만부교에 매달아 죽여버리는 등 적대적인 태도를 취했다. 이에 비하면 궁예의 대거란 정책은 지극히 우호적이었다.

궁예가 거란과 친교를 유지한 이유로는 크게 두 가지가 지적된다. 첫째 대외적으로 후백제를 견제한다는 의도와, 둘째 대내적으로 많은 정적들의 도전을 극복하기 위한 조처라는 견해이다. 전자는 궁예가 거란과의 제휴를 통해 오월과 통교하는 후백제를 견제하려고 했다는 것이고, 후자는 궁예가 자신의 대내적 위상을 고양시키기 위해 거란과의 관계를 강화함으로써 국제적인 위치를 이용하여 내정을 장악하려 했다는 것이다. 이처럼 궁예 정권의 대외관계는 단순히 후삼국의 쟁패 과정 속에서만 살펴서는 안 되고, 동아시아 세계 질서 속에서도 이해되어야 한다.

이 시기의 동아시아 외교 관계는 신라·후백제가 중국과 화친 관계를 유지하고 있었던 데 비해 궁예 정권은 별로 없다. 한편 궁예 정권은 후백제·신라와는 적대적 관계로 나타나 있고 거란과는 친선관계였다. 동아시아 일대를 통교하며 호령하였던 궁예의 모습을 연상하는 것은 결코 어색한 일이 아닌 것이다.

6

궁예 최후의
재해석

정사 속의 최후,
전설 속의 죽음

궁예의 최후부터 서술한다는 것은 올바른 순서가 아니다. 소설에 기승전결이 있고, 논문에 서론·본론·결론이 있는 것처럼 글에는 나름대로의 흐름이 있다. 더구나 시간의 흐름대로 서술해야 하는 역사서에서는 글의 전개 과정이 특히 중시된다. 그럼에도 굳이 이 장에서 궁예의 최후부터 서술하고자 하는 데는 나름대로 이유가 있다.

그 이유는 《삼국사기》나 《고려사》 등 이른바 정사에 그려진 궁예의 최후가 너무나 처참하기 때문이다. 또 궁예에서 왕건으로 이어지는 정권교체의 진정한 과정을 확인하기 위해서도 궁예의 죽음을 재구성해 보는 것은 반드시 필요한 작업이다.

《고려사》는 궁예의 최후를 다음과 같이 전하고 있다.

(918년, 하유월 을묘) 기병장군 홍유·배현경·신숭겸·복지겸 등이

몰래 짜고 밤중에 태조의 저택으로 가서 그를 왕으로 추대할 뜻을 함께 말했다. 태조는 굳이 거절하여 허락하지 않았으나 부인 유씨가 손수 갑옷을 들어 태조에게 입히니 여러 장수들이 옹위하고 나오면서 사람을 놓아 말을 달리며 외치기를 "왕공이 벌써 의기를 들었다"라고 했다. 이때에 분주히 달려와서 함께 참가한 자들이 이루 셀 수가 없었고 먼저 궁문으로 와서 북을 치고 떠들면서 기다리는 자도 만여 명이나 되었다. 궁예가 이 소문을 듣고 깜짝 놀라 말하기를, "왕공이 벌써 천하를 얻었으니 내 일은 끝났다"라고 하고 어찌할 바를 몰랐다. 이리하여 변복을 하고 북문으로 도망쳐 나가니 궁녀들이 궁 안을 깨끗이 하고 태조를 맞아들였다. 궁예는 산골로 도망하였으나 이틀 밤이 지난 후 배가 몹시 고파서 보리이삭을 잘라 훔쳐먹다 바로 부양 백성들에게 살해되었다.

이 가운데 부양백성들에게 살해된 부분만을 극화하면 다음과 같이 그려질 것이다.

918년 6월, 평강 애꾸눈에 험상궂은 인상을 한 사나이가 보리밭에 숨어들었다. 그는 오랫동안 먹을 것을 구경하지 못한 사람처럼 아직 채 패지도 않은 보리이삭을 마구 꺾었다. 그러고는 손이 따갑지도 않은지 거친 보리이삭을 마구 훑어내리고는 정신없이 이삭을 먹어댔다. 그의 인상은 누가 봐도 오싹할 정도로 험악했다. 애꾸눈이라는 사실 하나만으로도 충분히 겁먹을 만한데, 거기다가 게걸스레 보리이삭을 핥아먹으면서 주위를 흘끔흘끔 쳐다보는 모습에서는 살기까지 느껴졌다.

이때 마을사람 가운데 누군가가 이 뜻밖의 침입자를 발견했다. 주민들은 긴장하면서 그를 살펴보았다. 그 사나이도 이쪽을 쳐다보았다. 그 시선을 느낀 순간 주민들은 섬뜩했다. 그는 애꾸눈이었던 것이다. 주민들은 하나밖에 없는 그의 눈에서 살기를 느꼈다. 겁에 질린 주민들은 일단 집으로 흩어졌다가 다시 모였다. 이번에는 거의 모든 사람들이 약속이나 한 듯 쇠스랑이나 호미 등 무기가 될 만한 것을 집어왔다. 애꾸눈의 사나이는 성난 주민들 앞에서 꼼짝하지 못하고 얼어붙은 듯이 서 있었다. 주민 가운데 한 사람이 애꾸눈 사나이의 허리께를 괭이로 치자 이어서 다른 사람이 낫으로 찍었다. 주민들은 이 한심한 침입자를 용서할 수 없었다. 애써 가꾸어놓은 보리이삭을 감히 갉아먹다니……. 주민들은 그를 도저히 용서할 수 없었다. 애꾸눈 사나이는 그렇게 주민들의 분노 아래 무참하게 숨이 끊어졌다. 숨이 끊어진 애꾸눈 사나이의 시신 위에 주민들은 침을 뱉고 돌아섰다. 그러나 아무도 그가 애꾸눈 왕 궁예라는 사실을 알지 못했다.

정사와 다른 민간전승 속의 궁예의 최후

승자와 패자의 승부는 현실세계에서뿐만 아니라, 역사 속에서 다시 판가름난다. 그러나 그에 대한 판정은 현실세계에서 결정되곤 한다. 역사 속에서는 그 결과가 선악이라는 도덕적 가치나 다른 가치체계로 관념화 된다는 점이 다를 뿐이다. 결국 고금을 통하여 '진 놈은 나쁜 놈'이라는 등식이 성립되기 마련이다. 전통시대에 민란의 주도자는 모두가 반역자였던 것처럼 말이다. 그러나 역사는 시대와 시대의식에 따라 의미가 바뀌기도 한다. 시간과 상황이 변화함에 따라 역사 속 인물의 성격도 바뀌는 것이다. 역사 속의 민란 주모자들이 현대에는 민중의식을 대변하는 선구자로 변신하기도 한다.

현실세계의 패자가 역사 속에서 패자가 된 대표적인 예가 바로 태봉왕 궁예이다. 역사 속에는 여러 라이벌이 등장하지만, 그때마다 승자가 패자에게 아량을 베푼 경우는 없었다. 후대에 궁예와 비슷하게 혹독한 평가를 받는 이로는 고려 우왕을 꼽을 수 있다. 《고려사》는 우왕을 음란하고 정신이상 증세를 보인 인물로 묘사하고 있다. 더욱이 그를 신돈의 아들이라고 하며 신우라는 이름으로 바꾸어 〈반역열전〉에 수록해두기까지 했다. 이성계의 왕위 찬탈을 정당화하기 위한 역사서술이다.

궁예도 마찬가지였을 것이다. 왕건의 역모 명분이 약했기 때문에 궁예에 대한 평가가 더욱 혹독했을 가능성도 있다.

따라서 궁예의 몰락과 관련하여 정사가 아닌 민간전승을 참고하는 것은 의미가 있을 것이다. 역사를 배우면서 전설 같은 유형의 이야기를 다룰 때 철저히 고증하라는 말을 수없이 들었지만, 궁예처럼 정사의 기록이 형평을 잃은 경우는 전설이 진실을 담고 있을 수도 있다. 궁예의 최후와 관련된 전설은 육당 최남선이 금강산으로 가던 도중 수집한 철원지역의 전설에 남아 있는데,《육당 최남선 전집》중 〈풍악기유〉에 실려 있다.

운거사비한 구례왕이 발붙일 땅을 얻지 못하고 심벽한 것을 찾아서 삼방 골짜기로 들어왔다. 풀밭에 기고 바위 틈에 엎드려 가면서 수일을 지내는데, 주린 배는 먹을 것을 찾아 마지아니했다. 삼봉 최고지에 올라서 은피하여 재도할 땅을 둘러볼 즈음에 문득 한 승을 만나서 우선 먹을 것을 시여하라 하매, 자기도 약간 후량을 어제까지 다 먹고 이제는 죽기만 기다리노라 한다. 혹시 용잠호장할 땅이 없겠느냐 하매 병목 같은 이 속에를 들어와서 살길을 찾는 것이 어리석다 하고는 인홀불견이었다. 아아 천지망아로다 하고, 그곳에서 심연을 향해 그대로 선 채로 운명했다. 선 채로 금관을 만들어 씌우고 그 위를 석봉한 것이 시방 능소요, 이 금관을 훔치려 하여 도굴의 환이 한두 번이 아니었으나, 그제마다 천변이 있어 무서워 퇴폐하였으며, 그때부터 심위가 혁연하여 근경의 화복을 섭리치 아니하는 것이 없으므로 시방까지 이 지방의 독자신이 되었다 한다. 덕물 산의 최 장군처럼, 가림성의 유 장군처럼, 신도와 습합하여서 만인의 찬 앙과 백대의 보사를 받는 조선의 선인기념법도 한 특례라 할 것이다. 말 하고 보면 능연각 · 유명비 · 동상목주가 사무의 입에 있으며, 환난의 제 마다 용출하는 것이다.

이 전설은 어찌 보면 평범한 듯 느껴지지만, 몇 가지 새롭고 흥미로 운 사실을 전해주고 있다. 첫째, 궁예가 구례라고도 불렸다는 사실이 다. 구례는 고유명사이면서 동시에 고구려를 의미하는 고려 · 고리의 동의이음어이기도 하다. 그렇다면 궁예왕은 고려 왕이라는 의미이며, 궁예는 고려의 동음이사 현상일 수도 있다. 둘째, 궁예왕은 보리이삭 을 훔쳐먹다 백성들에게 살해당한 것이 아니라 천명을 알고 이에 순응 하여 자결한 것으로 그려져 있다. 폭정으로 쫓겨난 폭군과 천명을 알고 자결한 의군은 너무나도 큰 차이가 있다. 셋째, 궁예가 죽은 뒤 지역민 들의 존경과 사랑을 받았다는 것이다. 이러한 표현은 궁예가 이 일대에 서 나중까지도 상당한 지지를 받으며 재기를 꿈꾸었다는 추정도 가능 하게 한다.

이처럼 전설 속의 궁예는 백성들로부터 버림받은 폭군이 아니라, 오 히려 사랑과 존경을 받은 왕으로 남아 있다. 반대세력인 이성계 일파에게 역모로 몰려 처형된 최영 장군처럼 민중들의 존경과 사랑을 받고 있는 것이다. 이 전설에는 궁예를 동경하는 지역 정서가 배어 있다. 곧 최영의 추종자들이 덕물산에서 '성계육'을 씹으며 최영을 반추하듯이, 궁예를 따르던 사람들 역시 '왕건육'을 씹으며 궁예를 추억하고자 하는 정서가 반영되어 있고, 그래서 궁예는 지역신이 될 수 있었던 것이다.

그런 점에서 이 민간전승은 정사에 의해 폭군으로 내몰린 궁예를 재조명할 여지를 준다. 정사에서는 궁예의 몰락 원인으로 탐학과 패륜을 꼽았으나, 민간전승은 '하늘이 자신을 버린 것을 알고 자결한' 군주라고 하여 전혀 상반된 내용을 전하고 있다. 이는 정사의 평가도 특정 집단의 정서를 반영한 것에 불과하다는 근거가 될 수 있고, 따라서 정사의 내용을 절대 객관적이라고 볼 수 없다는 것을 의미하기도 한다. 이른바 왕조 사회에서 정사, 즉 기전체사서는 왕실의 역사와 그 주변 역사만을 기록할 수밖에 없다. 다시 말하면 왕가 중심의 기록이 될 수밖에 없는 것이다. 더욱이 왕건의 가계를 그리기 위해서 서술된 〈고려세계〉는 그 정도가 더욱 심할 수밖에 없다. 그러므로 정사만으로 총체적인 역사자료를 모두 섭렵할 수는 없으며, 그런 점에서 민간전승 자료를 참고하는 것은 관변 자료를 보완한다는 점에서 나름대로 의미를 찾아야 할 것이다.

왕건 역모 계획의 비밀,
9층 금탑

앞서 민간전승을 소개한 것은 궁예를 성군으로 평가하기 위해서가 아니라, 궁예의 최후에 대해 정사와 달리 평가한 자료가 있으면 보다 면밀한 고증을 통해 사실을 재구성해보기 위해서이다. 이를 통해 정사의 내용에 의문을 제기하고 재해석의 여지를 둘 수 있다면 그것만으로도 만족하고 싶다. 이런 관점에서 다음의 사료를 검토해보면, 궁예에서 왕건으로 가는 정권교체의 원인 및 과정이 달리 해석될 여지가 있음을 알게 된다.

처음 태조의 나이 30세 때 꿈을 꾸었는데, 9층 금탑이 바다 가운데 서 있는 것을 보고 그 위에 올라가 보았다.

위의 기록은 왕건의 입장에서 윤색된 《고려사》의 한 부분이다. 왕건이 일찍부터 제왕이 될 포부를 가지고 있었다고 미화한 내용인 듯한데, 이 짧은 기록은 왕건의 인물됨을 알려주기도 하지만, 한편으로는 왕건이 일찍부터 치밀하게 역모를 준비했다는 구체적인 자료가 되기도 한다. 학계나 일반인들 사이에서나 궁예는 왕건이 아니라도 어느 누군가에게 반드시 쫓겨나야 할 인물로 각인되어왔다. 그러나 위의 사료는 사실 왕건이 30세 때부터 왕이 되기 위하여 계획적으로 장기간 역모를 꾀했음을 뜻하고 있다.

바다 한가운데 솟아오른 9층 금탑에 오르다

왕건 역모 계획의 비밀은 9층 금탑에 있다. 9층 금탑에서 '금'은 제왕을 상징하는 색깔로 최고를 뜻한다. 그리고 9층 금탑의 9층은, 황룡사 9층탑의 예에서처럼 천하를 평정한다는 염원의 현실적 표현이다. 《삼국유사》에 의하면 황룡사 9층탑의 9층은 1층부터 일본, 중화, 오월, 탁라, 응유, 말갈, 거란, 여진, 예맥을 의미한다고 한다. 또 《고려사》〈최응전〉에서 태조가 최응에게 "옛날에 신라가 9층탑을 만들고 드디어 통일의 위업을 이룩했다. 이제 개경에 7층탑을 건조하고 서경에 9층탑을 건축하여 현묘한 공덕을 빌려 여러 악당들을 없애고 삼한을 통일하려 하니……"라고 한 것을 보면, 왕건은 9층 금탑의 의미를 누구보다 잘 알고 있었다. 곧 왕건이 바다 한가운데 솟은 9층 금탑에 오르는 꿈을 꾸었다는 것은, 왕이 되어 천하를 평정하겠다는 의지를 비유한 것으로 볼 수밖에 없다. 그리고 금탑이 바다 가운데서 올라왔다는 것은 많은 사람들로부터 추대받았다는 의미의 상징이다. 그러므로 이 짧은 기록은 왕건이 아랫사람들에게 추대되어 왕위에 오른다는 의미를 내포하였지만, 그 진실은 왕건의 역모 계획을 알려준다고 할 수 있다. 더욱이 최응의 발원문에 담긴 "여러 악당을 없애고"와 "삼국통일" 한다는 내용은 왕건의 의도를 명백히 알 수 있게 하는 대목이다.

지금까지 이 사료를 왕건의 역모 음모와 관련하여 해석한 적은 없었던 것 같다. 오히려 왕건이 일찍부터 폭군 궁예를 타도하고 민생을 도제하려는 포부를 가졌다는 증거로 보았기 때문에, 성군 왕건을 그리는데 근거 사료로 이용되곤 했다. 만약 이러한 해석이 옳다면 왕건은 30세 때부터 궁예가 폭군이 될 것을 미리 알고 왕이 될 준비를 했다는 뜻이 된다. 즉 왕건은 하늘에서 내려보낸 왕이 되는 것이다.

그런데 실제 왕건이 정권을 장악한 뒤의 상황은 달랐다. 물론 기록에서는 전국이 모두 왕건을 떠받들었다고 전하고 있다. 복지겸 등 장군들의 추대를 받은 왕건이 어쩔 수 없이 천명을 받아들였다는 것이다. 하지만 실제로는 왕건이 궁예를 몰아내자 전국 곳곳에서 역쿠데타가 빈발하였다. 환선길 같은 이는 왕건을 죽이겠다고 개경으로 올라왔고, 공주 일대의 여러 성들은 후백제에 붙기까지 했다. 이처럼 많은 세력들이 왕건의 역모를 받아들이지 않았다. 따라서 왕건 일파의 정치적 복선이 짙게 깔린 역모로 보는 게 더 타당할 것이다.

그러나 이 자료를 당시의 상황을 고려하여 다시 한 번 검토해보자. 먼저 왕건이 30세 때 궁예와의 관계이다. 이때는 906년으로 왕건가가 궁예에게 투항한 지 10년째 되는 해이다. 이 무렵 왕건과 궁예의 관계는 표면적으로 아무런 마찰도 없었다. 그런데 왜 왕건은 궁예를 몰아내고 왕이 될 생각을 하였을까? 여기에 바로 궁예에서 왕건으로 넘어가는 정권교체의 비밀과, 궁예의 비극이 있다고 믿는다. 바로 왕건의 궁예 축출은 이때부터 계획된 역모에 의한 것이라고 생각하는 것이다.

실제로 왕건이 정권 탈취를 위해 오랜 기간 치밀하게 포석을 깔았다는 내용을 찾아볼 수 있다. 곧 왕건이 지위가 높았음에도 자신을 낮추고 참소를 입은 사람을 해결해주었던 것 등은, 지지세력을 끌어들이고 세력을 확대해 나가기 위해 취한 행동으로 볼 수 있다. 마침내 이러한 왕건의 행동에 의심을 품은 궁예가 왕건을 문초했으나, 이미 왕건의 세력은 궁예로서도 어쩔 수 없을 만큼 커져 있었다. 이에 대해서는 궁예가 몰락하기 4년 전인 914년의《고려사》기록을 통하여 확인해볼 수 있다.

하루는 궁예가 태조를 대궐 안으로 급히 불러들였다. 그때 궁예는 처형한 사람들로부터 몰수한 금은 보물과 가재도구를 점검하고 있었다. 그는 성난 눈으로 한참이나 태조를 보고 있다가 다음과 같이 말했다. "그대가 어제 밤에 사람들을 모아서 반란을 일으키려고 음모한 것은 웬일인가?" 궁예는 얼굴빛을 조금도 변하지 않고 태연하게 웃으며 말하기를 "그대는 나를 속이지 말라. 나는 관심을 할 수 있기 때문에 그것을 안다. 나는 지금 곧 입정을 하여 보고 나서 그 일을 이야기하겠다" 하고는 곧 눈을 감고 뒷짐을 지고 한참이나 하늘을 향하여 고개를 젖히고 있었다. 그때에 장주 최응이 옆에 있다가 짐짓 붓을 떨어뜨리고는 뜰로 내려와 그것을 줍는 척하고 태조의 곁으로 달려가 지나가면서 귓속말로 "왕의 말대로 복종하지 않으면 위태롭다"고 했다. 태조는 그제야 깨닫고 "사실은 제가 모반하였으니 죽을 죄를 지었습니다"라고 말했다. 궁예는 껄껄 웃고 나서 "그대는 정직한 사람이라고 할 만하다"라고 하면서 곧 금은으로 장식한 말안장과 굴레를 주었다. 궁예는 또 말하기를 "그대가 다시는 나를 속이지 말라"고 했다.

이 내용은 지금까지 쓸데없이 사람들을 의심하기 시작한 궁예가 왕건에게 역모 누명을 씌워 죽이려 했다고 이해되었다. 그러나 왕건이 실제 역모를 준비했던 것으로 볼 여지는 전혀 없을까? 궁예가 역모를 꾀했다고 고백한 왕건에게 오히려 큰 상을 내리고 돌려보냈다는 사실은 상식적으로 인정하기 어렵기 때문이다.

이 자료에 나오는 최응의 존재를 살펴보면, 왕건이 역모를 꾸민 사실과 왕건에게 포섭된 세력들이 궁예 측근에까지 포진되어 있었음을 알게 된다. 최응은 황주 토산현인으로 반궁예적인 성향이 강한 인물이었다. 최응은 그의 어머니가 임신했을 때 밭에 오이가 열린 꿈을 꾸어 이를 궁예에게 알리자, 궁예가 점을 쳐보고 "아들을 낳게 되면 나라에 이롭지 않을 것이니 절대 키우지 말라"고 하여 그의 부모가 몰래 길렀다고 한다. 최응은 왕건이 정권을 탈취한 뒤에는 그의 건의가 정책에 반영될 정도로 신임을 받았다. 또한 개경에 7층탑, 서경에 9층탑을 세우는 발원문을 지으라는 왕건의 명을 받고 이를 지어 바친 장본인이므로, 왕건과 삼한의 통일의지를 함께 불태운 인물이었다. 이렇게 볼 때 최응과 같은 인물이 궁예의 측근에 있었다는 것은 왕건 일파가 상당수 궁예 정권을 장악하고 있었다는 뜻이 된다. 다시 말하면 왕건의 역모 계획은 은밀히 확대되어 914년에는 벌써 궁예의 주변에 반궁예 · 친왕건의 무리가 포진될 정도로 진척되었던 것이다.

고정관념으로 굳혀진 두 사람의 이미지

이처럼 왕건에 의한 역모가 착착 진행되어가는 상황 아래서 궁예의 처지는 어땠을까? 지금까지는 궁예가 몰락한 원인을 그의 실정에서 찾고자 하였으므로 그 과정을 살피는 데는 소홀하였다. 그러나 역사는 어느 날 하루아침에 바뀌지 않는다. 겉으로 보기에는 한 순간에 발생한 것처럼 보이지만 그 내면에는 오랫동안 누적된 모순이 있는 것이다. 그러므로 원인은 물론이고 과정에 대한 이해도 중요하다. 다시 말해 결과적으로 왕건의 역모는 성공하였고 그의 능력으로 후대까지 역사가 지속될 수 있는 기반이 마련된 것은 분명하다. 그렇다고 해도 나는 정치적 사건을 누구는 옳고 누구는 그르다는 선악론만으로 보고 싶지는 않다. 그러나 종래의 통설과 달리 왕건의 야심에 따라 계획된 역모에 의해 궁예 정권이 전복됐다는 주장이 선뜻 납득하기 어려울 것이다. 그동안 왕건을 미화하기 위하여 서술된 《고려사》 등의 기록에 따라 궁예의 탐학과 과장되게 미화된 왕건의 이미지가 고정관념화 되어 있기 때문이다. 역사적 사실은 만들거나 고쳐 쓸 수 없다. 술이부작述而不作, 곧 과거의 사실을 바꿀 수는 없는 것이다. 사가가 곡필을 했다고 하여 그 사실 자체가 바뀌는 것은 아니다. 그러나 그 해석은 달리하여 바른 사실에 근접해야 할 것이다.

청주인
1천 호를 옮겼으나

궁예는 905년에 송악에서 철원으로 도읍을 옮겼다. 이때 철원 환도의 동기나 목적에 관해 기록된 바가 없어 정확한 이유를 알기는 어렵다. 굳이 이유를 든다면 최창조 씨의 말대로 개성은 수덕이 불순하다는 풍수적 평가를 받던 땅이었기 때문이라고 할 수 있다. 수덕을 연호로 내세웠던 궁예로서는 수덕이 불순한 개성을 도읍으로 인정할 수 없었다는 것이다. 실제로 개성은 해마다 수해를 입었다고 하니 수덕 불순이 술법상의 이야기만은 아닌 듯하다. 일제시대에는 수해 때문에 개성 동대문 터 부근의 얕은 맥을 끊고 중앙에 모이는 물을 모두 유인하여 내성 밖 선죽교 방면으로 보냄으로써 오천과 합류시켰다고 한다. 이 물은 나성의 보정문(장패문) 아래 수구문을 통해 성 밖으로 배출되었다. 이유야 어떻든 철원 환도는 궁예의 역사에 있어서 큰 의미를 갖는 일대 사건이라고 할 수 있다. 특히 천도와 함께 실시한 청주인 1천 호의 철원 사민은 여러 면에서 중대한 사건이었다. 사료에는 단순히 1천 호를 사민했다는 내용만 기록되어 있어 그 목적에 여러 의문이 제기되었다.

왜 하필 청주인가

먼저 왜 하필 청주인가 하는 물음이 제기되었다. 이에 대해서는 5소경의 하나인 청주지역 사람들이 정치·경제·문화 등 다방면에서 도읍인의 자격을 갖추었기 때문이라는 견해가 있다. 그러나 이 주장은 거리상으로 청주와 비슷하고 역시 5소경에 속하는 원주와 충주를 제외한 이유를 설명하지 못한다.

철원평야와 금학산

그렇다면 청주가 이들 지역과 다른 점은 무엇일까? 무엇보다 청주의 지역 정서, 곧 청주가 원주 및 충주와 지역적 성향이 다른 친백제적 도시라는 점에 주목할 필요가 있다. 청주는 본래 백제의 복속지역이었고, 게다가 청주인들은 822년에 발발한 웅천주도독 김헌창의 반란을 지지하여 여전히 백제 성향이 강한 지역임을 보여주었다. 더욱이 김헌창의 난이 평정된 뒤 신라 조정으로부터 무참한 토벌을 당했기 때문에 반신라 감정이 한껏 고조되어 있는 상태이기도 하였다. 궁예에게는 바로 이처럼 고구려계 유민들과는 성향이 다른 오랜 백제 전통의 지역적 정서가 필요했던 것 같다.

궁예가 청주 사민을 계획한 것은 철원의 지역적 정서와도 전혀 무관하지 않다. 철원 환도가 왕건 같은 고구려계 호족의 견제에 의해 어쩔 수 없이 이루어진 측면이 크지만, 철원의 고구려계 세력이라고 해서 송

악과 크게 다를 것은 없었다. 궁예로서는 고구려계 세력을 견제할 만한 도구, 곧 청주의 반신라적이고 비고구려적인 요소가 절실했던 것이다. 이것이 청주인호의 철원 사민 의도였다. 그러나 청주 인구의 철원 사민은 결과적으로 궁예 몰락을 예고하는 신호탄이 되었다.

고육지책, 청주인 1천 호 사민

궁예가 사민한 청주인 1천 호는 결코 적은 규모가 아니다. 일반적으로 1호의 구성원을 5명 정도로 상정하는데, 그러면 약 5천 명 정도가 된다. 이 가운데 남자를 반으로 보면 2천 5백 명, 그리고 다시 남자 중에서 역役을 지은 20~60세의 건장한 성인 남자를 산정하면 약 2천 명, 즉 '정丁'이 2천 명 정도 된다고 할 수 있다. 정은 부병제 하에서는 군역의 대상이므로 군사 수로 보아도 무방하다. 물론 신라에서 부병제를 실시했던 흔적은 찾기 어렵지만 비교 대상으로 해도 크게 무리는 없을 것이다.

그런데 〈신라장적〉을 참고하면 그 수는 달라진다. 〈신라장적〉이 언제 만들어졌는지를 두고 많은 논란이 있지만, 대체로 신라가 백제와 고구려의 일부지역을 병합한 이후의 상황을 반영한다는 데에는 의견을 같이한다. 이 〈신라장적〉에 따르면 당시 신라 촌락은 1호당 10명 정도의 구성원이 살았던 것으로 추정된다. 그렇다면 청주인 1천 호의 전체 인구는 1만 명, 정의 수는 4천 명 정도로 추정할 수 있다. 곧 청주인 1천 호의 정의 수는 적게는 2천 명, 많으면 4천 명까지 볼 수 있는 것이다.

당시 2천~4천 명에 이르는 병력의 규모는 어떤 의미를 가지고 있을까? 왕건이 나주를 정벌할 때 동원한 숫자가 평균 2천~2천 5백 명 정도였고, 궁예가 독립할 때의 군사 수가 3천 5백 명이었으며, 견훤이 칭왕할 때의 군사 수는 5천 명 정도였다. 그렇다면 청주인 1천 호 사민은 엄청난 규모의 인구 이동이었다. 따라서 이 일대의 기존 세력들은 청주인 호의 철원 사민으로 엄청난 심리적 압박을 받았을 것이며, 이에 따른 반발도 적지 않았을 것임을 쉽게 예상할 수 있다.

대체로 국가를 창업할 때 천도하거나 환도하는 경우를 자주 본다. 고려 초에도 서경으로 천도 하려는 움직임이 있었고, 조선 초에도 한강과 개경을 왔다갔다 한 적이 있다. 이는 신흥세력인 새 왕조의 토착적 기반이 약했기 때문인 것으로 이해되는데, 궁예의 철원 환도도 마찬가지 경우로 볼 수 있다. 그러나 궁예처럼 대규모 사민을 병행한 경우는 그다지 많지 않다.

궁예가 이처럼 대규모 사민을 단행한 것은 고육지책이라고 할 수 있다. 고구려계 세력을 견제하기 위해서라고는 하지만 대규모의 청주인 호를 철원에 보충시킨 것은 또 다른 부담이 될 수밖에 없었던 것이다. 다시 말해 청주인호의 사민은 고구려계 세력에 대해서는 하나의 압력이자 견제일 수 있지만, 그 자체가 또 다른 문제를 내포하고 있었다. 거대 집단이 된 청주인 세력은 그 자체로 하나의 압력이 될 수도 있었던 것이다. 집단 자체에서 분열을 일으켜 궁예의 내정을 어지럽히고 이를 수습한 왕건을 급부상시키는 결과를 가져오게 되었다. 《고려사》에서 아지태 사건 이후의 정치 상황에 대해 "원문장교 · 종실 · 훈신 · 지혜와 계략이 있는 무리들이 모두 왕건에게 쏠리어 그의 뒤를 따르지 않는 자가 없었다"라고 기록한 것을 보면 이를 잘 알 수 있다.

개혁은 점점 미궁 속으로 빠져들고

궁예가 도읍으로 정한 철원의 동쪽은 백암산을 포함하여 높이가 1,000m가 넘는 고지이지만, 나머지는 거의 낮은 언덕과 넓은 땅이다. 철원평야는 강원도에서 가장 넓은 평야이다. 철원군의 면적은 전체 강원도 면적의 5%에 조금 못 미치는 824평방km²지만, 논밭의 비율은 다른 군에 비해 세 곱절인 35% 정도이다. 게다가 토질이 비옥하여 1년 풍년이 들면 7년 곡식 걱정이 없다고 하니 이처럼 비옥한 철원의 자연조건은 한 나라의 도읍지가 될 만한 입지를 제공한다고 할 만하다. 그러나 이러한 천혜의 자연적 조건을 구비한 철원이었지만, 궁예가 천도할 당시의 정치적 상황은 그다지 좋지 않았다. 앞에서도 언급한 바와 같이 궁예가 국호를 '고려'에서 '마진'으로 바꿈으로써 고구려주의자들의 불만이 커가고 있었던 것이다.

궁예가 철원 천도와 함께 연호를 무태에서 성책으로 바꾼 것도 당시의 사정을 반영한 듯하다. 성책의 성은 문자 그대로 성스럽다는 의미이고 책은 책봉의 의미로, 이 두 자의 뜻을 결합하면 '성스러운 책봉'이라는 뜻이 된다. 곧 궁예는 철원을 성스러운 책봉을 받은 도읍으로 설정함으로써 일종의 분위기 쇄신을 꾀하려 했던 것 같다. 연호 성책은 철원 천도와 함께 새로운 세상의 개막을 의미하는 것으로 이해할 수 있다.

그러나 이처럼 홀로서기를 위한 안간힘은 오히려 궁예를 곤혹스럽게 만들었다. 상대세력의 더한 반발을 불러일으키게 된 것이다. 그 대표적인 상징이 앞서 말한 왕건의 꿈 이야기이다. 그 꿈의 내용을 《고려사》는 "태조가 나이 서른에 9층 금탑이 바다 가운데 있는 것을 보고 올라가는 꿈을 꾸었다"라고 전한다. 이 내용은 이미 앞에서도 이야기한 바와 같이 왕건이 906년에 역모를 꾀했다는 사실의 또 다른 표현이다. 결국 청주 사민은 궁예의 의도와는 달리 상대세력을 견제하기보다는 적대세력만 키워놓은 꼴이 되고 말았다. 그리고 무엇보다도 고구려계 호족들을 크게 자극하는 결과를 자극했다. 궁예의 딜레마는 여기서부터 본격화된다고 해도 지나친 말은 아니다.

궁예 몰락의 신호탄,
아지태 사건

앞서 이야기한 것처럼 청주인호 사민정책은 본래 의도했던 것과는 다른 방향으로 전개되었다. 궁예는 본래 청주인의 반신라 · 친백제적 성향을 이용해 고구려계 세력들을 견제하려 했으나, 그 목적이 달성되기도 전에 청주인들 사이에서 갈등이 커져 통일된 세력을 이루지 못하고 와해되어버린 것이다. 청주인들은 권력 장악을 목적으로 철원 사민파와 청주 재지파로 갈라져 서로 참소하는 등 치열한 내부 암투를 벌였다. 뿐만 아니라 이들은 왕건 일파에게 이용당하여 왕건의 정치적 지위를 격상시키는 데 이용된 흔적이 보이기도 한다.

이른바 아지태 사건은 청주인들 내부의 갈등이 궁예의 몰락에 미친 영향에 관해 많은 사실을 알려준다. 아지태는 청주인인데 본래 아첨을 좋아하고 간사하여 궁예에게 같은 청주인인 입전 · 신방 등을 참소했다. 이에 해당 관리가 오랫동안 사건을 살펴보았지만 판결이 나지 않아

미결로 있던 것을 왕건이 해결해 많은 사람들에게 촉망받았다는 것이 그 전모이다. 이 사건은 왕건의 덕을 칭송하기 위하여 꾸며진 감이 있긴 하지만, 이 사건을 통해 청주인들이 서로 참소하는 일이 잦았던 사실과, 왕건이 이를 이용하여 자신의 입지를 강화해간 것 같다.

더욱이 아지태 사건을 보면 청주인호의 사민 대상에 노역부대인 하층민만이 아니라 상층부 사람들도 적지 않게 포함되었음을 알 수 있다. 더욱이 이들의 참소가 궁예의 귀에 들어가 움직이게 할 정도였다면 상당한 고위급 인물도 있었던 것 같다. 그렇다면 청주인호의 사민은 사실상 철원의 지배계급 구조에 커다란 변동을 초래한 사건이었다. 비록 의도대로 되지는 않았지만, 궁예는 백제 성향이 강한 청주인들을 측근으로 둠으로써 기존의 고구려계 세력들을 상대적으로 약화시키고 대립을 조장하여 왕권을 강화하려고 했던 것이다.

따라서 청주인호 사민으로 입지가 위축된 고구려계 세력들은 노골적으로 불만을 표시했고, 그 불만은 유망으로 이어지기도 했다. 실제로 광해주(춘천) 출신의 박유(뒤에 왕건이 사성하여 왕유로 됨)는 동궁기실까지 오른 고위 정치인인데, 중앙정계에서 기반을 잃게 되자 산골짜기로 숨어버렸고, 염주 출신의 윤선도 북변으로 달아나 골암진에서 독자적인 세력을 구축하고 궁예에게 저항하였다. 이는 이러한 권력구조 상의 변화에 따른 것이었다.

왕업이 25년 이상 지속되지 못할 것이리라

이러한 철원 천도 당시의 심상치 않은 분위기는 당시의 관련 설화를

● 금학산 정상

통해서도 찾아볼 수 있다. 이 설화가 역사적 진실을 담고 있는지에 대해서는 자신할 수 없지만 민심의 한 부분을 살피는 데는 도움이 될 것이다.

풍수사상과 관련된 이 설화는 궁예가 철원 천도와 함께 궁전을 지을 때, 금학산(동송읍 이평리, 943.7m)을 진산으로 하라는 풍수가의 말을 따르지 않아 일찍 몰락하였다고 전한다. 즉 그 풍수가가 궁전은 천황지, 도읍은 만가대 쪽에 정하면 금학산의 정기로 왕업이 3백 년 이상 지속될 것이라고 일러주었음에도, 궁예는 왕업이 25년 이상 지속하지 못할 것이라는 고암산을 진산으로 할 것을 고집하여 통치 18년 만에 멸망하고 말았다는 것이다. 그 후 진산이 되지 못한 것에 화가 난 금학산이 산에서 나는 초식류를 못먹게 하여, 한동안 이 산에서 나는 곰취 등은 써서 먹을 수 없었다고 한다. 궁예 망국이라는 결과론적 인식에서 나온 전설로 당시 민심을 반영하는 내용으로 보아도 무방할 듯하다.

몰락의 상징,
궁예 도성

철원 천도 당시의 분위기가 그다지 좋지 않았지만 일단 궁예
는 철원으로 도읍을 옮기고 이곳에 도성을 축조하였다. 도성의 위치는
현재의 행정구역상 강원도 철원군 철원읍 홍원리 북방인데, 이 일대는
추가령구조곡에 의한 분지 평원지대로 풍천원이라 한다. 조선시대의
여러 지리지들은 궁예 도성의 옛 터가 철원도호부 북쪽 27리의 풍천원
에 있다고 기록했다. 이 지역은 한국전쟁 당시 남북간에 치열한 공방전
이 전개된 곳이다. 또한 이 일대에는 비무장지대 남쪽 경원선의 최북단
정거장인 월정역도 자리잡고 있다. 월정月井은 본디 달우물이었다. 이
정거장에는 한국전쟁 당시 폭격 맞은 화물열차와 함께 '철마는 달리고
싶다'라고 쓰여진 간판이 있어 지금까지도 한국전쟁 당시의 상흔을 실
감케 한다.

궁예 도성터는 월정리의 북쪽 비무장지대 안에 있기 때문에 접근할

수가 없다. 다만 이 지역에 설치된 전망대 안의 포대경을 통해 원거리 관측만 가능할 뿐이며, 이런 사정으로 현재까지 궁예 도성에 대한 정확한 실측보고는 이루어지지 못했다.

이런 상황에서 그나마 KBS에서 1998년에 방영한 〈휴전선을 가다〉라는 프로그램에서는 궁예 도성터를 사실적으로 고증하려는 노력이 돋보였다. 또한 육군사관학교에서 이 일대의 군사유적 지표조사를 하면서 일부가 확인되기도 했다. 하지만 비무장지대 안에 있는 까닭에 구조적이고 정밀한 발굴 조사를 기대하기는 어려운 형편이다. 그래도 예전에 비해서는 그 모습이 훨씬 구체적으로 알려져 있다.

철원의 궁예 도성은 궁예가 몰락한 원인이 되기도 한다는 점에서 매우 중요하다. 풍천원의 도성을 너무 사치스럽게 축조하여 백성들의 노고가 심해졌고, 그 때문에 궁예가 몰락했다는 견해가 일반적인 만큼, 궁예 도성의 규모는 궁예의 몰락을 설명해주는 유력한 자료로서 의미가 크다.

사치를 극하였다

그렇다면 궁예 도성은 어느 정도 규모였기에 한 왕조의 몰락을 재촉하기에 이르렀을까? 《삼국사기》에서는 905년에 "새 서울(철원)에 들어가 관궐·누대를 보수하였는데 사치를 극하였다"라고 기록하고 있다.

실제로 궁예 도성의 규모는 거대한 것으로 밝혀지고 있다. 이에 대해서는 육군사관학교에서 나온 《강원도 철원군 군사유적》을 토대로 실상에 좀 더 가까이 접근해볼 수 있다. 이 보고서에서는 조선시대에 발간

한 지리지를 토대로 하여 궁예 도성이 외성과 내성으로 구분되어 있고, 외성의 둘레는 14,421척(4,226m), 내성의 둘레는 1,905척(572m)으로 모두 토축土築이라고 했다. 그리고 궁예 도성의 규모에 대해서는《조선보물고적조사자료》에 근거하여 외성은 높이 4~12척에 폭 2~6간, 내성은 높이 7척에 폭 12척이라고 추정하면서 내성은 높이와 폭이 균일하지만 외성은 균일하지 않은 것으로 보았다.

또한 보다 구체적으로 궁예 도성의 실상을 파악하기 위해 1918년(대정 7년) 조선총독부에서 편집 제작한 '근세조선 5만 분의 1지도'와 대한민국 육군지도창에서 1993년 10월에 제작한 '평강지역지도'를 비교 분석하여, 제1내성은 왕성인데 비하여 제2내성은 미륵불전, 즉 신전이었을 것으로 추정된다고 하였다. 그리고 궁예도성에는 현재는 남문지만 확인되지만 4대문지가 있었던 것으로 보고하였다.

끝으로 조사결과를 토대로 궁예 도성은 순수한 평지성이며, 대부분의 성이 자연지형을 이용한 원형이거나 반원형인데 비해 직사각형 모양을 하고 있고 토·석축이 혼합된 성으로, 기능상 이는 왕족과 귀족 중심이 아니라 일반 평민들의 생활 거주지를 중심으로 구축된 것으로 보인다고 하였다. 이에 대해서는 중앙의 왕성을 중심으로 하여 백성과 동고동락하는 것을 꿈꾸었던 궁예의 정치이념이 표현된 것으로 이해된다고 풀이하였다. 마지막으로 이 보고서 끝에는 궁예 도성에 대한 종합적인 평가와 함께 다음과 같은 글이 덧붙여져 있다.

이러한 특성을 종합한다면 궁예 도성은 소위 미륵세계관에 기반을 둔 원시공동체적 사회구상의 한 반영으로 추론된다. 궁예는 이러한 이상세계를 한반도의 중앙이 되는 풍천원 벌에 실현시키려 했던 것이다. 그러나

● 명성산 억새

　이러한 꿈은 사회발전과 현실이라는 힘에 의해서 붕괴되고 좌절될 수밖
에 없었다.

　한편 KBS에서 복원한 궁예 도성은 육군사관학교에서 보고한 내용을
토대로 하면서도 이와는 조금 다르다. KBS에서는 궁예 도성외 외성 둘
레가 곧 10km 이상이라고 하면서 평야에 거대하게 계획된 도시로서 도
성의 형태를 매우 웅대하게 그렸다. 또한 KBS에서는 궁예 도성의 방어
시설에 대해 중요한 의문 하나를 제기하였다. 평지성으로서 궁예 도성
의 형태를 복원해 보았을 때 이렇다 할 자체 방어시설이 확인되지 않
는다는 것이다. 이에 대해서는 도성의 자체 방어를 강화하지 않은 대

신 풍천원을 둘러싸고 있는 운악산·명성산 등에 항구적인 방어시설을 구축했을 것으로 추정하였다. 특히 명성산의 정상 부근에 궁예 바위라고 이름붙은 곳은 그 실제를 입증하는 것 같다고 하였다. 궁예 도성에 대해서는 앞으로도 실측연구 등 보다 실증적이고 구체적으로 밝혀져야 할 내용들이 연구 대상으로 남아 있다. 궁예의 평등사상과 이상세계 건설에 대한 희구가 철원의 풍천원에 축조된 궁예 도성에도 반영되었다고도 한다. 그러나 지금은 당시의 영화를 어디에도 찾아볼 수 없다. 조선시대의 송강 정철은 〈관동별곡〉에서 이렇게 읊고 있다.

궁왕대궐 터에 오작이 지지괴니

이때부터 역사가 예고되었던 것인가? 이곳에서는 궁예 관련 유물이
거의 출토되지 않았다. 그나마 일제시대까지만 해도 황량하게 폐허로
변해버린 궁궐터에 원래의 자리가 어디인지 모를 정처없는 초석과 석
등이 남아 있었다고 한다. 한국전쟁이 휩쓸고 지나간 지금은 그나마도
찾아볼 수가 없다. 더욱이 그 궁궐터는 남북이 갈라진 한가운데, 지뢰
를 잔뜩 묻어놓은 비무장지대 안에 있다. 그래서 그곳은 기억에서조차
묻혀져 가고 있다.

끝내 실패한
민생고 해결

군왕의 의무 가운데 가장 중요한 것은 백성을 먹여살리는 일이다. 궁예에게 있어서도 이 점은 마찬가지였다. 궁예의 경제정책에 대해서는 일반적으로 상식을 초월한 가렴주구가 행해졌다고 하는 데 의견이 일치한다. 그러나 구체적인 생산성이나 조세율 등 수취체제에 대해서는 알려져 있지 않다. 이 분야 연구의 가장 큰 장애물은 물론 사료의 부족이나 한편으로는 탐학한 왕이라는 선입견이 작용하여 궁예의 경제정책을 제대로 그리지 못하는 측면도 있다.

궁예의 경제정책을 살펴보자. 이에 관해서는 "천우 2년 을축, 새 서울로 들어가 궁궐과 누대를 수축하는데 아주 사치하게 했다"라는 기록과 "하루는 급히 태조를 부르므로 들어가보니 궁예가 바야흐로 주살지적誅殺之籍과 몰수한 금은보기와 상장을 점검하다가……"라는 자료가 눈에 띈다.

여기서 궁예는 매우 호화롭고 재물에 혈안이 된 사람으로 묘사되어 있다. 이 대목에서는 대원군이 연상된다. 고종의 아버지로 섭정한 대원군은 실추된 왕실의 권위를 세우기 위하여 경복궁 재건을 추진했다. 이 과정에서 필요한 경제적 부담을 보충하기 위하여 무리하지 않을 수가 없었다. 당백전·원납전 등을 발행하여 착취하지 않을 수 없었고, 이것이 원인이 되어 실각하기에 이른다.

신도시 건설은 무리한 조세로 나타나고

궁예가 가렴주구를 일삼았다는 것도 대원군과 마찬가지로 궁궐 건축에 소요되는 비용 때문이었던 것으로 보인다. 곧 도읍지를 새로 정하고, 거기에 드는 여러 가지 비용을 충당하기 위해서였을텐데, 당시로서는 상당히 무거운 부담이었을 것이다. 그 비용 중 상당 부분은 재력가에게 지원받았을 것이고, 지역적으로는 가까운 곳일수록 그 피해가 컸을 것이다. 이는 사서에 특히 부양(평강)의 백성들이 큰 피해를 입었다고 기록된 것을 보면 알 수 있다. '주살지적'이라고 표현된 장부는 호족들에게 거두어들일 재물과 호족들의 성명 등을 파악해놓은 문서로 이해된다. 물론 여기에는 궁예의 말을 잘 듣는 호족과 그렇지 않은 호족이 분류되어 있었을 것이니, 세조가 계유정난 때 작성한 '살생부'와도 비슷한 성격이었을 것이다. 이렇게 보면 궁예의 탐학성은 그의 본래의 성격이 그랬던 것이 아니라 철원으로 도읍을 옮긴 뒤 신도시 경영에 필요한 자원을 획득하는 과정에서 나타난 결과라고 할 수 있다. 그렇다면 실제로 궁예가 말년에 거두어들인 조세의 실질적인 징수량은 어느 정도였을까?

《고려사》전제 녹과전 조에는 우왕 14년 7월 조준이 올린 상서에 "태조는 즉위 34일 만에 여러 신하들을 맞이하여 보고 슬퍼하면서 탄식하여 말하기를, 조세를 마구 거두어들여 1정의 조로서 6석을 거두어들임에 이르니 백성들이 즐겁게 살 수 없게 되었다. 내가 이를 매우 불쌍히 여기느니 이제부터는 마땅히 십일세법(10분의 1의 세를 받는 법)에 의거하여 전 1부에 조 3승을 내게 하라"라고 한 내용이 있다. 또《고려사》조세조에는 "1정의 전에서 조세가 6석이나 되었고 관역의 호에서 거두는 바가 3석이나 되어 백성들이 밭 갈고 길쌈하는 일을 그만두고 서로 이어 유망했다"라는 내용도 있다. 이 외에도 궁예 때의 조세가 가혹했다는 내용의 기사들이 많으며, 이러한 조치는 태조가 즉위한 후 시정되었다는 내용도 함께 전하고 있다.

이러한 기록으로 볼 때 궁예는 처음에는 비교적 공평한 경제적 조처를 취했으나 도읍을 철원으로 옮긴 후, 특히 철원에서 왕궁신축을 하면서 무리한 징세를 하였던 것 같다. 토목공사를 벌임으로써, 호족들과 자영농으로부터 재물과 과중한 세금을 수탈하게 되었던 것 같다. 아마도 이러한 경제정책의 시행 과정에서 누적된 호족들과 농민들의 불만이 궁예 멸망의 한 원인으로 되었던 것으로 볼 수 있게 된다.

말기적 현상, 유언비어는 난무하고

백제 의자왕 때, 어떤 귀신이 "백제는 망한다, 백제는 망한다"하고 땅 속으로 사라졌다. 그 사실이 기이하다 하여 귀신이 사라진 지점을 파 보니 등가죽에 글이 쓰여진 거북이가 있었다. 그 글은 "백제는 보름달 같고 신라는 초승달과 같다"라는 내용이었다. 왕은 이 내용을 알고 싶어했다. 한 사람은 "보름달(백제)은 더 찰 것이 없어 기울 것이고, 초승달(신라)은 앞으로 꽉 찰 것이다"라고 대답하였다. 이는 백제의 멸망을 예고한다고 하여 이 사람은 죽임을 당했다. 그러자 다른 "한 사람은 보름달(백제)은 융성을 뜻하고, 초승달(신라)은 미숙함을 의미한다"고 하여 고임을 받았다고 한다.《삼국사기》에 전하는 내용이다.

이처럼 말기가 되면 말기적 현상이 나타난다. 그 가운데 대표적인 것이 말세의식과 유언비어의 날조이다. 이른바 세기말적 현상도 말기 현상 중 하나로서 많은 사람들이 휴거라는 유언비어를 믿고 목숨을 버리기도 하였다.

궁예 말기에도 마찬가지였다. 이른바 '고경문'이라고 하여 궁예의 몰락을 예고하는 말이 떠돌기 시작하였던 것이다. 그 내용을 보면 다음과 같다.

삼수중三水中과 사유四維 아래

상제가 진마辰馬에 아들을 내려보내

먼저 닭을 잡고 나중에 오리를 칠 것이니

이것은 운이 차 3갑을 하나로 됨을 이른 것이다.

몰래 하늘에 올라가 밝게 땅을 다스릴 것이니

자子의 해에 대사를 일으킬 것이다

종적과 이름을 어지럽게 하니

뒤섞여 누가 진과 성을 알 수 있으랴

법뇌를 떨게 하고 신전을 휘두를 것이다

사년중에 두 용이 나타나

한 용은 몸을 청목靑木 속에 감추고

한 용은 흑금黑金 동쪽에 나타날 것이다

지혜있는 자는 볼 것이나 어리석은 자는 못 볼 것이다

구름을 일으키고 비를 내리게 하며 사람들과 함께 정벌에 나선다

때로는 성하기도 때로는 쇠하기도 하는데

성하고 쇠함은 악한 세상을 멸하기 위함이다

이 한 용의 아들 서너 명은

대를 바꾸어 가며 6갑자를 이으리라

이 사유四維는 반드시 축년에 멸망할 것이니

바다를 건너와 항복하는 것은 모름지기 유년까지 기다려야 한다

이 글이 밝은 왕에게 발견된다면

국태민안하고 왕의 제업이 영원히 창성할 것이다

나의 기록은 무릇 147자이다.

여기서의 삼수중은 태봉의 '태' 자의 파자이며, 사유는 신라의 '라'자의 파자이다. 그리고 청목은 송악의 소나무(송)의 상징이고, 흑금은 철원의 쇠(철)의 상징이다. 이러한 상징과 은유는 유언비어의 보편적인 수법이다. 특히 고대의 도참문에서는 이러한 수법이 자주 사용되었다. 앞서 의자왕 때의 보름달과 초승달의 비유도 이에 준하는 것이다.

이러한 의미에서 보면 위의 내용은 태봉(궁예)이 망하고, 이어 신라가 망한 뒤, 천하가 왕건에게 돌아온다는 것을 뜻한다. 이처럼 궁예 말기가 되면 인심이 흉흉해져 간다.

한편 이러한 유언비어는 적대적 관계에 있는 사람들에 의해 고의로

유포되는 경우도 많다. 조선시대에 고변사건들이 많았던 것을 연상해 볼 일이다. 그래서 이 고경문의 내용은 왕건 일파에 의해 조작되었다는 설도 있다. 또 본문 중에 '한 용의 아들 서너 명은 대를 바꾸어 6갑자를 이으리라'는 대목은 마치 태조의 아들 3인이 차례로 왕위를 이어간 사실을 알고 지은 듯한 인상이 짙다. 그래서 왕건 일파에 의한 조작설이 전혀 근거가 없지만은 않은 것 같다.

이처럼 궁예 말기에도 다른 왕조의 말기에 볼 수 있는 흉흉한 유언비어가 떠돌기 시작하였다. 결코 진원지를 알 수 없는 적대적 의미의 유언비어들이 난무해 갔다. 그리고 그것은 점차 현실로 나타났다.

궁예에게 등돌린 사람들

고경문의 예언을 증명이라도 하듯 태봉의 인심이 바뀌어갔다. 무엇보다도 궁예에게 등을 돌리는 사람들이 늘어갔다. 먼저 고경문을 해석한 송함홍 등의 태도를 보자. 처음 이 고경문이 궁예에게 전해졌을 때 궁예는 그 내용을 몰랐으므로 자신이 믿는 문사인 송함홍·백탁·허원 등에게 해석하게 하였다. 그러나 이들은 고경문의 내용이 궁예에게 불리한 것으로 판독되자 궁예에게 아무 말도 하지 않았다. 당시의 민심이 반영된 사례다.

이와 함께 철원 천도 이후 궁예에게 불만이 많았던 고구려계 호족들의 행동도 더욱 대담하고 공격적으로 되어간다. 박유 등은 궁예로부터 이탈하였고, 신천호족 출신 강씨부인과 궁예의 관계도 더욱 소원해져갔다. 그러나 강씨가 자주 간하였다는 '비법非法'에 대해서는 알려진 바가 없다. 추측컨대 궁예의 반고구려적 정서에 대한 충고가 아니었을까? 한편 이 무렵 왕건의 반궁예적 행동도 노골화 되어간다.《고려사》에 보면 "태조는 궁예가 날로 교만하고 탐학스러워지는 것을 보고 다시 외방에 뜻을 두었다"는 짤막한 메시지가 전한다.

그 밖에 다른 분야에서도 반궁예적 성향이 점차 표면화 되어갔다. 사상계에서는 석총과 경미가 저항을 하다가 궁예에게 장살되었는데, 그 중 석총은 궁예가 지은 경전을 요망한 괴설이라고 했다가 참변을 당하였다. 또 앞에서 말했던 아지태 사건으로 말미암아 궁예에게 등을 돌린 사람도 적지 않았다. 아지태 사건은 청주인들의 반목으로 일어났지만, 결과적으로는 궁예 정권의 한계를 드러낸 사건이었다. 아지태라는 간사한 청주인이 궁예에게 같은 청주인인 입전·신방·관서 등을 참소했다가 왕건의 심리로 결판이 난 결과, 원문장교·종실·원훈들과 지혜 있고 학식 있는 무리들이 모두 왕건을 따르지 않는 자가 없게 된 것이다. 모든 면에서 궁예에게 불리하게 분위기가 돌아가고 있었다.

이러한 여러 유형의 반궁예적 움직임 가운데서도 궁예에게 결정적으로 치명타를 가한 인물은 왕건의 4공신이다. 이른바 왕건의 4공신으로 일컬어지는 홍유·배현경·복지겸·신숭겸 등은 모두 궁예 휘하에서 기장을 했던 인물들이다. 곧 비록 하급 무장이긴 하지만 궁예의 측근에서 무력을 제공했던 이들이 궁예에게서 등을 돌려버린 것이다. 게다가 이들은 궁예를 축출하고자 왕건을 부추겼으며, 반란의 선봉에 서기까지 했다. 이들이 궁예를 등지게 된 원인에 대해 사서에서는 왕건이 훌륭했기 때문이라고 기록하고 있다. 이를 그대로 믿을 수 있을지는 논외로 하고, 어쨌든 이들의 반역은 궁예에게는 치명적일 수밖에 없었다. 그러면 이들은 왜 왕건과 결탁하여 궁예를 축출하였을까? 구체적인 원

인은 알 수 없으나 궁예로부터 어떤 이유에서인지 소외된 결과로 보인
다. 그런데 반궁예 성향의 인물들은 궁예의 궁궐 내부에까지 깊숙이 침
투해 있었다. 그 대표적 예가 앞서 이야기한 최응이다. 최응의 사례는
궁예의 정신분열증이 중증이었음을 보여주는 예로 자주 이용된다. 그
런데 이 이야기를 통해 왕건이 역모를 꾸몄다 해도 어쩌지 못할 정도
로 반궁예파의 실력이 커졌음을 알 수 있다. 최응같은 반궁예파가 궁예
의 측근에까지 포진되어 있었던 것이다. 또한 역모를 시인한 왕건을 살
려두었다는 것은 왕건의 실력을 인정할 수밖에 없었던 궁예의 절박한
처지를 반영한다.

그러나 궁예는 자신에게 반발하는 세력들에게 아주 강력하게 대응
하였던 것 같다. 《고려사》에 "궁예는 반역이라는 죄명을 덮어씌워 하
루에도 백여 명씩 죽였다. 이리하여 장수나 정승으로 피해를 입은 자가
10에 8~9명이었다"라고 기록되어 있다. 이처럼 궁예와 이에 반발하는
고구려계 호족의 대립은 날이 갈수록 심화되었고, 마침내 양자는 돌이
킬 수 없는 지경에까지 이르고 말았다. 918년 6월 을묘일, 왕건의 첫 번
째 부인인 정주 유씨와 홍유·배현경·신숭겸·복지겸 등 4공신은 왕
건에게 갑옷을 입히고 역모를 선동하였다. 그리하여 마침내 궁예는 자
신이 가장 믿었던 왕건이 등을 돌렸음을 알게 되었고, 이는 바로 궁예
의 몰락을 뜻하는 것이었다.

궁예, 역사의 무대에서 사라지다

이러한 궁예의 최후와 관련하여 떠오르는 비극적인 죽음이 하나 있

다. 바로 로마의 카이사르가 브루투스에게 죽임을 당하는 장면이다. 카이사르는 브루투스를 친아들 이상으로 총애했다. 그러나 황제가 되려고 했다는 이유로 브루투스는 카이사르를 살해하는 데 가담한다. 이 이야기를 통해 나는 처음으로 배신이란 느낌을 가져봤던 듯하다. 브루투스가 살해하려 하자 카이사르는 '브루투스 너마저'라는 원망 섞인 말을 했다고 한다. 그 말은 셰익스피어의 희곡 〈줄리어스 시저〉 3막 1장에 나오는 대사이다.

그런데 카이사르의 죽음보다 더 비극적인 죽음이 바로 궁예의 최후이다. 궁예도 자신이 총애하던 왕건에게 죽임을 당했다. 이때 궁예는 무어라고 했을까? 이를 희곡으로 각색한다면 "왕건아, 차마 네가 어찌?"라고 할 수 있지 않을까? 왕건이 군사를 이끌고 와 자신을 축출할 때 궁예의 심정은 어땠을까? 궁예는 약관 20세의 왕건을 키워준 사람이다. "나의 장수들 가운데 누가 이 사람과 비길 수 있겠느냐?"라면서 자신보다 더 키워준 왕건이 자신의 등에 칼을 꽂는 것을 생각하면서 궁예는 어떤 감회에 젖었을까? 이런 사정은 아랑곳하지 않고 사서는 궁예를 보리이삭을 훔쳐먹다 백성들에게 맞아 죽은 사람으로 기록해두었다.

궁예는 결과적으로 실정으로 말미암아 몰락한 왕이다. 그리고 그를 몰아낸 자들에 의해 폭군으로 그려졌다. 적어도 궁예와 왕건의 정권이 교차되던 당시의 상황을 보면 결론은 좀 유보하는 게 좋을 듯한데도 말이다. 궁예가 정말 그랬다면 궁예가 통치했던 전 지역이 왕건을 지지했을텐데 사실은 이와 달랐다. 왕건이 궁예를 쳐서 왕권을 빼앗자, 궁예 통치 하의 권력 구조가 일대 지각변동을 일으킨다. 탐학의 대명사였던 궁예를 지지했던 세력들이 왕건을 제거하기 위하여 엄청난 반발을 하였던 것이다.

실제 웅주(공주)를 지키고 있던 마군대장군 이흔암이 왕건 즉위 소식을 듣자 왕건을 죽이려고 상경하여 웅주가 후백제 소유가 되어버리기도 했다. 이흔암의 역모는 부인 환씨의 말 한마디로 폭로되어 실패하였다. 환씨가 변소에서 아무도 없는 줄 알고, "내 남편의 일이 만약 순조롭게 되지 못하면 나도 화를 입을 것이다"라고 말했는데, 이를 들은 사람이 밀고했던 것이다. 이처럼 왕건은 왕위에 즉위한 후 반대세력으로부터 심한 반발을 받았다. 이흔암 뿐만 아니라 마군장군 환선길도 반란을 일으켰다. 아우 향식과 함께 왕건을 추대하였던 환선길은 논공행상에 불만을 품고 왕건을 살해하려 했으나 왕건이 태연자약하게 대처함으로써 도리어 죽게 되었다. 이 반란은 왕건의 쿠데타가 의로운 반정이라기보다는 정치적 야심이 앞선 정변이었음을 확실히 보여준다. 환선길은 왕건과 함께 정변을 일으켰는데 왕건 혼자서 전권을 행사하려 하자 이에 불만을 나타낸 것이다. 환선길의 반란은 왕건의 역모가 명분과는 달리 파워 게임 이상의 것이 아니였음을 보여주는 좋은 예가 된다. 또 공주 이북의 30여 성이 반란을 일으켜 후백제에 귀부하였다는 사실도, 왕건의 궁예 축출이 정치적 이해관계에서 비롯되었다는 것 이상의 의미를 부여할 수 없게 한다. 물론 왕건에게 귀부한 자가 없는 것은 아니었다. 그러나 왕건이 즉위하자 태봉의 전체적인 판도는 훨씬 축소되었다.

이러한 연유로 왕건은 즉위 초년에 불안한 나날을 보냈다. 궁예가 다스릴 때 태봉은 후삼국 중 가장 강성했지만, 그 뒤를 이은 고려는 후백제의 상대가 되지 못했기 때문이다. 상당히 많은 지역들이 후백제에게 귀부하였으며, 그 지역들은 후백제와 접경에 있는 전략적 요충지들이

었다. 물론 왕건은 탁월한 영도력으로 이를 잘 수습하여 후삼국통일이라는 위대한 업적을 쌓았다. 이 점은 왕건의 능력을 크게 살 일이다. 그러나 궁예의 몰락과 왕건의 건국을 좋은 놈과 나쁜 놈, 혹은 치사한 놈의 교체라는 인식에서 해석되어서는 안될 것이다. 정치적 이해관계 내지 그와 유사한 여러 현실적 조건들의 상반된 견해 차이에서 비롯된 것으로 이해해야 마땅할 것이다. 궁예는 결국 왕건에 의해 역사의 전면에서 사라졌다.

통일의 길목에 선
세 영웅

경쟁자인가, 동반자인가?

936년 가을은 선산의 작은 강 일리천—利川이 역사적으로 영원히 기억되는 순간이었다. 낙동강의 지류인 일리천은 잘 알려지지 않은 지명인데, 바로 이곳에서 한국사에서 손꼽힐 만큼 의미 있는 전투가 전개되었다. 이 강을 사이에 두고 벌어진 전투가 이른바 일리천 전투로 이로써 반세기 가까이 지속된 후삼국시대가 막을 내리게 된다.

후삼국시대 막을 내리게 한 일리천 전투

일리천을 사이에 두고 왕건이 이끄는 고려군과 신검이 이끄는 후백제군이 팽팽히 맞섰다. 왕건은 전투에 앞서 군대를 전방의 3대와 후방의 1대, 총 4대로 나누고 전방을 다시 좌익·우익·중군의 3대로 나누어 배치하였다. 좌익에는 견훤으로 하여금 기병 1만·보병 1만을 거느리게 하고, 우익에는 대상 김철·홍유·박수경 등으로 하여금 기병 1만·보병 1만을 인솔하도록 하였으며, 중군에는 명주 대광 왕순식으로 하여금 기병 2만·정예기병 9천 5백·보병 3천을 이끌게 하였다. 그리고 후방에는 대장군 대상 공훤으로 하여금 기병 3백과 각 성에서 온 병사 1만 4천을 거느리게 하여 전방 3군의 원병으로 삼았다. 이에 맞선 후백제군도 전열을 가다듬었다.

그런데 일리천 전투는 그 역사적 의미 외에도 부자간에 창을 겨누고 전투를 벌였다는 점에서 특별히 기억될 만하다. 일리천 전투에서 고려군의 좌익을 이끈 사람은 후백제 전왕 견훤이었고, 이에 맞선 후백제의 중군에는 견훤의 장남 후백제 왕 신검이 있었다. 견훤 부자의 이 이상 야릇한 운명은 왕위계승의 불만에서 비롯되었다. 견훤이 왕위를 막내인 금강에게 물려주려 하자, 이에 반기를 든 신검이 견훤을 폐위시켜 금산사에 유폐한 것이다. 결국 이를 견디다 못해 금산사를 탈출한 견훤은 어제까지의 적이었던 왕건에게 투항하여 자신을 쫓아낸 아들을 응징하기 위해 전선에 나서게 된 것이다.

그러나 그 역사적 의미에 비해 일리천 전투는 싱겁게 끝났다. 먼저 고려군이 군사를 정비하여 북을 울리면서 전진하였다. 그 기세가 얼마나 대단했는지 《고려사》에서는 이 상황을 "갑자기 창검형상의 흰 구름이 우리 군사(고려군) 위에서 적진을 향하여 떠 갔다"라고 표현하고 있다.

이러한 고려군의 군세에 비해 후백제군의 사기는 훨씬 떨어져 있었다. 후백제군으로서는 전왕 견훤이 좌선봉에 나선 고려군이 거북할 수밖에 없었다. 얼마 전까지 함께 전장을 누비며 추종하던 주군과 맞창

검을 들이댄 후백제 장수들의 심리적 동요가 전황에 미친 영향은 적지 않았던 것 같다. 군세가 대단한 적 좌선봉에 전왕이 버티고 있는 상황에서 후백제의 장수들은 전의를 크게 상실하였다. 후백제의 좌장군 효봉·덕술·애술·명길 4인은 투구를 벗고 창을 던져버린 채 견훤 앞으로 나아가 무릎을 꿇고 말았다. 예기치 못했던 이 네 명의 돌발적인 행동으로 인해, 전세는 고려군에게 절대적으로 유리하게 돌아갔다.

전황이 급변한 사이 고려군은 사기가 떨어진 후백제군을 세차게 몰아붙였다. 초전에 기선을 제압당한 후백제군은 고려군의 상대가 되지 못했다. 왕건은 신검이 중군에 있다는 정보를 입수하고 공훤으로 하여금 3군을 몰아 공격하도록 하였다. 이 전투에서 고려군은 후백제군 5천 7백 명의 목을 베고, 3천 2백 명을 사로잡았다. 힘이 부친 후백제군은 황산군에서 탄령을 넘어 마성으로 밀려났다. 역시 역불급을 절감한 신검은 용검·양검 등 아우들과 관료들을 불러모으고, 왕건에게 항복하였다. 고려군의 일방적인 승리로 끝난 일리천 전투를 끝으로 후삼국 시대는 막을 내리게 되었다. 전투가 끊일 날 없던 전국시대가 끝난 것이다.

전쟁이 끝나자 왕건은 전후 처리에 나섰다. 왕건은 후백제에 대해 관대하였다. 후백제인 포로 3천 2백 명을 고향으로 돌려보내고 주모자만 처단하는 선에서 마무리지은 것이다. 왕건은 주모자였던 능환을 죽이고 신검의 동생 용검과 양검을 진주眞州로 보냈다가 죽였다. 그리고 신검은 아우들의 사주에 부화뇌동했을 뿐이라 하여 죽이지 않고 벼슬을 주었다. 이러한 전후 처리 과정을 지켜보던 견훤은 걱정과 번민으로 동창이 나 고생하다가 수일 만에 황산의 불사佛舍에서 숨을 거두었다. 나이 69세였다.

이 시대를 기록한 사서 《삼국사기》와 《고려사》는, 궁예를 의로운 부하를 의심하다가 축출당해 마침내 백성들에게 살해당한 부덕한 통치자로, 견훤 역시 궁예보다는 좀 낫긴 하지만 자신의 아들에게 쫓겨나 목숨을 부지하기에 급급한 군주로 기록하였다. 그리고 왕건은 의로운 혁명을 통해 폭군을 몰아내고 후삼국을 통일한 성군으로 서술하고 있다. 지금도 우리에게 왕건―좋은 놈, 견훤―나쁜 놈, 궁예―치사한 놈이라는 인식은 이어져 오고 있다.

역사적 인물에 대한 평가 기준은 도덕성과 업적이 병행돼야

로마의 제 1 · 2차 삼두정치나 후삼국시대 궁예 · 견훤 · 왕건과 같은 관계는 다른 나라에서도 찾아볼 수 있다. 특히 일본 전국시대 오다 노부나가 · 토요토미 히데요시 · 도쿠가와 이에야스가 아주 비슷한 예다. 그러나 이들에 대한 평가는 무척 다르다. 일본에서는 이 세 사람 중 어느 한 사람만을 지나치게 포폄하지 않는다. 이들이 살았던 전국시대는 후삼국시대보다 6백여 년 정도 후이지만, 당시 일본은 후삼국시대를 능가하는 대격전장이었다. 전국에 2백여 명 이상의 다이묘들이 각각 자신들의 거점을 기반으로 150여 년 동안 피비린내 나는 무력항쟁을 거듭했다.

이 전국시대를 궁극적으로 통일한 인물은 도쿠가와였다. 물론 토요토미에 의해 일사적으로 천하통일이 이루어졌으나, 그의 사후 정국을 세습적으로 이끌어갈 토대를 마련한 인물은 도쿠가와였다. 그러나 일본사에서는 도쿠가와 한 사람만 영웅시하지 않고, 세 인물을 각각 그들의 업적을 바탕으로 객관적인 입장에서 평가하고 있다. 실제 일본에서는 이 일련의 과정을 '오다가 떡쌀을 찧고, 하시바(토요토미)가 반죽을 한 천하를 힘 안 들이고 먹은 사람은 도쿠가와'라고 평가하고 있다.

여기서 우리는 일본의 역사서술 방식이 도덕적 판단 기준으로 선악을 우선시하는 우리와는 차이가 있음을 알 수 있다. 예컨대 우리의 경우 이순신과 원균을 평가할 때, '이순신은 좋고 원균은 나쁘다'는 식의 평가가 선행한다. 이때의 판단 기준은 철저히 주관적이다. 이순신과 원균을 장수로서 보고 전장에서 승패의 원인이나 전사적 교훈을 찾는 것이 아니라, 승리한 이순신은 다 좋고 패배한 원균은 다 나쁘다는 식의 인식이 앞서 다른 것은 묻어버리고 마는 것이다. 그러다 보면 이순신은 나쁜 점이라고는 전혀 없는 좋은 사람이 되어버리고, 상대적으로 원균은 나쁜 점만 갖고 있는 사람이 되어버려, 공정하게 두 사람의 장단점을 제대로 파악할 수 없게 된다. 그리고 이처럼 지나치게 경쟁자적인 입장에서만 보게 되면 마침내는 공허한 인신공격 외에는 남는 것이 없으며, 제대로 평가할 것조차 없어지고 만다. 그런데도 우리의 경우 이런 이야기를 하면 쓸데없이 일만 만든다고 힐책하기도 한다.

이런 일방적이고 주관적인 도덕적 평가가 언제부터 시작됐는지를 밝히기는 쉽지 않다. 다만 조선시대에는 분명 당쟁이 그 원인의 하나였다. 당쟁으로 인해 조선시대 역사의식의 산 증거라는 실록을 고쳐 쓰는 일까지 있었으니 말이다. 《선조실록》과 《수정선조실록》이 바로 그런 예다. 자신의 당파에 불리한 부분이 있다고 하여 실록을 개수하였던 것이다.

우리의 선조들의 역사에 대한 외경의 표현이라는 실록도 당쟁 앞에서는 무색하였던 것일까? 현재까지도 배타적인 도덕적 평가가 만연한 이유는 무엇일까? 요즘 이분법적 평가 기준이 성행하게 된 데는 문중 사학의 영향이 큰 듯하다. 자신의 조상을 조금이라도 더 위대하게 평가하기 위해 그와 상대되는 인물을 깎아내리려 했던 것인데, 특히 유학적 전통에 바탕을 둔 충효와 관련된 부분에 있어서는 그 정도가 더 심하다.

성호의 성패론이 남긴 의미

이렇게 결과만으로 역사를 평가하는 데 대해 2백여 년 전 성호 이익이 그의 '성패론'에서 견해를 피력한 바 있어 소개하고자 한다. 성호는 《성호사설》에서 자신의 의견을 밝혔는데, 이를 나의 고교 은사이시며 한국사의 큰 별이셨던 송찬식 선생님이 〈성호의 새로운 사론〉이라는 논문에서 잘 지적해두셨기에 그 부분을 가감없이 인용해둔다.

성호는 종래의 사서에 대해 극히 비판적이었다. 그는 종래 사서가 지적되는 사정을 다음과 같이 보았다.

"사史라는 것은 성패가 이미 정해진 뒤에 저작되기 때문에 그 성成과 패敗를 따라서 장점把點하여 참으로 당연한 듯하다. 또한 선善에는 많이 과過를 휘諱하고 악惡에는 반드시 장長을 버리기 때문에 지우智愚와 판判, 선악의 보응報應이 가징可徵될 듯이 보이게 된다."

이 말은 종래 사가들이 성패가 결정된 뒤에 역사를 쓰면서 승자인 현재의 집권세력의 편에 서서 그 성패를 윤색하고 포폄하였기 때문에 사실

事實을 왜곡시키고 시비是非를 전도시킨 데 대한 비판이다. 성호의 이러한 비판은 종래 곡학아세曲學阿世하던 모든 사가에게 적용될 수 있는 말이다. 그들은 겉으로는 춘추필법春秋筆法이라 하여 가장 양심적으로 포폄하는 듯이 주장하지만, 실은 현실의 왕조권력과 결탁하여 그 지배체제에 대한 윤리적 정당성을 부여하기 위하여 사실을 왜곡시키고 시비를 전도하는 것도 꺼리지 않았던 것이다. 즉 그들은 현실의 왕조권력이 윤리적인 우월성 때문에 선악의 인과보응因果應報으로 성공한 것처럼 윤색하였던 것이다. 그러므로 성호는 이러한 역사서술에 대해 다음과 같이 비판했다.

"상시常時 역사를 읽을 때 언제나 의문 나는 것은 선한 것은 지나치게 선하고 악한 것은 지나치게 악하다는 것이다. 당시에 있어서는 반드시 그렇지 않았을 것이다. 역사의 저작이 비록 권선징악의 좋은 뜻에서이기는 하나 오늘날 사람들은 평지상平地上에서 간과하여 말하기를 '선한 사람은 진실로 의당히 저래야 하지만 악한 사람은 어떻게 이 정도로 악할까' 한다. 기실 선한 것 가운데도 악이 있고, 악한 것 가운데도 선이 있는 것이어서 당시 사람도 실로 시비를 가리지 못하였기 때문에 거취去取를 잘못하여 조소를 받고 죄악을 범한 사람이 있는 것이다."

성호는 선악의 포폄을 역사학의 목적으로 생각함으로써 역사적 사실을 단순히 선악의 면으로만 해석하려는 태도에 반대하였던 것이다.

이러한 성호의 '성패론'은 궁예·견훤·왕건을 새롭게 이해하는 데 하나의 기준이 될 수 있으며, 나아가 이를 바탕으로 세 인물에 대한 재평가 작업도 가능할 듯하다. 역사를 단순히 성패론에만 입각해서 파악하면 안 된다는 성호의 말에 깊이 공감하며, 선악으로 사람을 평가하는 것도 하나의 기준이 될 수 있지만 활동이나 기능을 기준으로 평가하는 것도 하나의 방법이 아닐까 생각해본다.

태종이 된 이방원이나 세조가 된 수양대군의 경우에는 이전의 도덕적 평가와 함께 기능적 평가가 병행되고 있다. 유교적 관점에서 본다면 왕위에 오르기 위해 형제들을 죽이고 아버지 이성계를 함흥으로 내몰기까지 한 방원은 비난받아 마땅한 인물이다. 그러나 그에 대한 평가는 그런 도덕적 관점 외에, 사병私兵을 없애고 권력의 중앙집권화를 꾀하여 조선 5백 년 사직의 기틀을 다진 업적에도 눈을 돌리고 있다. 마찬가지로 어린 조카를 죽이고 김종서 등 대신들을 숙청한 수양대군도 무자비하고 비도덕적인 인물이지만, 그 역시 흔들리던 왕권을 강화하고 《경국대전》 편찬의 초석을 다지는 등 왕권국가로서의 기초를 굳건히 했으며, 진관체제를 도입하는 등 국방에도 최선을 다했다. 이러한 세조에 대해서도 최근에는 도덕적 비난 중심의 '단종애사'보다 강력한 군주로서의 '대수양'의 면모를 더 부각시키고 있다.

물론 기능적인 면만 중시하다 보면 방원이나 수양대군의 권력투쟁 과정까지 미화시킬 수 있고, 그러면 결과나 목적이 모든 수단을 합리화하는 마키아벨리적 평가라는 비난을 받을 수도 있다. 그러나 그 동기가 순수하고 합목적이라면 역사의 발전이라는 측면에서 기능적인 평가도 병행되어야 할 것이다. 실제 역사를 이끌어간 사람들을 지나치게 도덕적으로만 평가하면 그들이 실질적으로 이룩한 역사상 업적이 사멸되어 그 시대를 충분히 인식할 수 없게 되고, 그 다음에 이어지는 역사와 단절될 수도 있다. 세종 때 성숙된 문치주의는 태종이 왕권의 기반을 강화했기 때문에 가능했고, 성종 때 조선의 기틀이 된 《경국대전》이 완성된 것은 세조가 실시한 다양한 정책이 성공한 결과였음을 모르고 넘어가게 되는 것이다.

궁예의 경우도 그런 시각에서 재조명되어야 할 것이다. 그런 의미에서 나는 궁예를 '치사한 놈'이 아니라 신라의 구각을 깨뜨리고 새시대의 기틀을 다지려했던 사람으로, 견훤은 '나쁜 놈'이 아니라 소외된 지역 백제를 대변하고 안정을 유지하려 한 사람으로, 그리고 왕건은 '좋은 놈'이기 보다는 앞의 두 사람의 경험을 보완하여 통일을 이룬 인물로 이해하고 싶다.

만약 이 세 사람이 자신들의 이익과 패권만을 위해 투쟁한 것이라면 결국 좋은 놈에게 천하가 돌아갈 수밖에 없다는 결론에 이르러도 무방하다. 그러나 세 사람의 세계관이 달랐거나 세계관이 같았더라도 추구하는 바가 달랐다면, 이들의 행보를 세계관이 다른 세 지도자의 고민으로 이해할 수 있을 것이다. 그렇다면 궁예와 견훤은 왕건을 서술하기 위한 들러리가 아니라 그 시대의 문제를 해결하고자 했던 왕건에게 선험적 지식을 준 인물로 왕건과 동등한 지위에서 다시 평가되어야 하지 않을까? 따라서 후삼국 시대 또한 고려의 전사로서가 아니라, 그 시대 자체를 고뇌하면서 여러 영웅들이 공존한 대립과 동반의 시대로 다시 이해했으면 한다.

확연한 역사의 한 고리, 후삼국시대

후삼국시대는 신라 · 후백제 · 고려 3국이 정치 · 군사적으로 정립하여, 마치 남북국시대 이전의 삼국시대와 같은 양상을 보였던 시기를 말한다. 견훤이 왕을 칭한 892년부터 왕건이 고려를 통일한 936년까지인 9세기 말부터 10세기 전반에 걸치는 약 반세기 동안의 후삼국시대는, 고려 태조 왕건이 신라를 병합하고 후백제를 통합함으로써 끝을 맺는다.

지금까지 후삼국시대는 일정한 역사적 속성을 지닌 한 시대로서 인정받지 못했다. 이 시기를 '나말여초'로 인식하는 경향도 후삼국시대를 하나의 독립된 시대로 설정하기를 주저하기 때문이다. 적어도 고려나 조선처럼 4백 년이나 5백 년 이상은 지속돼야 한 왕조로 평가받고, 또 시대 구분상 하나의 단위로 인정받을 수 있는 것이 우리 학계의 현실이다. 그 때문에 존속 기간이 반세기도 되지 않는 후삼국시대는 신라 하대 혼란의 연장, 또는 통일왕조인 고려의 전단계로만 이해되면서 크게 주목받지 못했다. 때문에 그 시대의 주역이었던 궁예·견훤을 위시한 국왕들은 물론이고, 그 기간 중에 진행된 역사발전 자체도 신라 체제의 해체, 또는 고려 완성의 전 단계라는 과도기적 현상 정도로만 이해되어왔다.

그러나 최근에 와서는 후삼국시대가 한국사에서 독자성을 지닌 한 시기로 주목해야 한다는 인식이 점차 확산되고 있다. 우선 50년이라는 시간이 결코 짧지 않다는 것이 지적되었다. 일제의 36년 식민통치가 남긴 잔재가 반세기가 지난 지금까지도 지속되고 있는 것에 비추어 보면, 반세기 동안 이루어진 역사의 집적이 결코 가벼운 것만이 아님을 알 수 있다. 하물며 역사와 문화를 공유한 민족끼리 갈등과 전쟁을 치른 반세기의 역사 경험이, 그 후대에 미친 영향이 얼마나 컸을지는 짐작하고도 남음이 있다.

여기서 우리의 후삼국시대와 비슷한 타국의 예를 타산지석으로 살펴보자. 우리나라뿐만 아니라 중국·일본 등 동양은 물론이고 서양에도 후삼국시대와 비슷한 시대가 존재했다. 중국과 일본에는 각각 시기는 다르지만 전국시대가 있었다. 이 시기 두 나라에서는 전국 각지의 세력가들이 통일을 목표료 인접한 호족들을 병합해 나가면서 세력을 결집시켜 나갔다. 중국의 전국칠웅을 비롯한 여러 영웅 등과 '천하인'을 목표로 일본 전국시대의 다이묘들이 온갖 권모술수를 다 동원하였듯이 후삼국의 호족들도 그러했던 것이다.

우리나라에서는 고려의 왕건으로 끝났다. 왕건은 호족들을 병합하는 방법으로 정략결혼을 택하여, 기록상으로만도 29명의 부인을 두었다. 그의 부인들 가운데는 결혼 첫날밤에 한 번 보고, 죽을 때까지 다시는 그를 보지 못한 이도 있었다. 결국 왕건과 결집한 호족들은 고려라는 나라를 세웠다. 예전의 질서에 반기를 든 그들이 투쟁 끝에 고려라는 새 질서를 통일로 이룬 것이다. 바로 이 점에서 후삼국시대는 전국시대였다.

이런 성격을 지닌 후삼국시대를 다시 검토해야 한다는 인식이 점차 공감대를 넓혀가면서, 이때를 단순히 신라의 끝물이라고 보는 역사인식에서 탈피하고자 하는 경향이 강해지고 있다. 그리하여 비록 수명은 짧았지만 하나의 당당한 국가로 존재했던 후백제 및 태봉의 국가사가 재검토되고 있으며, 새롭게 시대의 주역으로 역사의 표면에 나타난 호족에 관심을 둔 연구도 활발하게 진행되고 있다. 그리고 이와 함께 단순히 신라에 대한 반란자가 아니라 시대의 고민을 함께했던 궁예와 견훤에 대해서도 재평가 작업이 이루어지고 있다. 물론 지나치게 궁예와 견훤을 강조하다보면 지역주의를 조장할 수 있다는 우려가 전혀 없는 것은 아니지만, 이 시대에 대한 정당한 평가는 고려라는 새 시대를 바르게 이해하는 데 필수적이라는 점에서 신중한 고찰이 필요하다.

궁예가 남긴
자취를 따라

호랑이는 죽으면 가죽을 남기고 사람은 죽으면 이름을 남긴다고 하는데, 그럼 궁예가 남긴 것은 무엇일까? 그도 인간이었기에 이름을 남겼다. 그리고 인간이었으므로 후손들을 두었다. 인간이었기에 자신의 체취가 벤 이야기들과 유물·유적을 남겼다. 그는 한 나라를 건설한 군주였다. 그럼에도 불구하고 그가 남긴 것들은 빈약하다. 부족한 대로 그가 남긴 것들을 정리해둔다.

궁예와 휴전선

느닷없이 휴전선 이야기가 나와 당황할지도 모른다. 여기서 궁예와 휴전선의 인연을 잠시 밝히고 넘어가도록 하자. 궁예는 897년 양길의 세력이 포진한 국원과 북원 이북의 대부분을 차지하는데, 이 지역들은 공교롭게도 오늘날의 휴전선과 거의 일치한다. 고성→간성→인제→화천→김화→철원→평강→연천→장단→김포→검단→강화로 이어지는 선은 휴전선을 답사하는 듯한 착각을 일으킬 정도이다. 그런데 궁예와 휴전선의 인연은 여기서 끝나지 않는다. 현재 궁예의 도성터와 능으로 추정되는 지역들이 모두 휴전선 군사분계선 안에 있는 것이다. 궁예는 통일을 염원했으나 달성하지 못했다. 지금 우리 민족의 염원 역시 민족통일이나, 언제 달성될지 모를 일이다.

궁예가 묻힌 바로 그곳, 휴전선이 그 염원을 방해하고 있는 것은 아닐까? 궁예의 비극은 바로 우리 민족이 겪고 있는 비극의 또 다른 표현이라면 무리일까?

궁예와 양길의 전적지

궁예와 양길이 전투를 했다는 흔적은 곳곳에 있다. 지금도 원주군 문막면 건등리에는 '왕건이 올랐다'는 뜻의 건등산이 있고, 문막면 후용리와 궁촌리 경계의 산에는 견훤산성이 있다. 견훤은 이곳에 토성을 쌓고 궁실을 짓는 등 기반을 닦으면서 앞산에 석축을 쌓아 성지 구축까지 했다고 한다. 물론 견훤의 세력화 작업은 왕건의 공격을 받아 무위로 돌아가고 만다. 이때의 전투와 관련하여 다음과 같은 이야기가 현지에 전해지고 있다.

왕건과 견훤이 넓은 들과 섬강을 사이에 두고 대치한 채 오랫동안 결전을 벌이지 못하고 활싸움만 하고 있던 중, 견훤의 진지에서 먼저

식량이 모자라기 시작했다. 이를 눈치 챈 왕건은 밀정을 보내 사실을 확인하고는 수숫대와 삼대를 모아 허수아비를 만들어 진지 앞에 세워 군사가 무수히 늘어난 것처럼 가장한 후, 독한 석회를 수백 석 강물에 풀어 뿌연 물을 흘려보냈다. 기근 상태에 있던 견훤의 군사들은 이 뿌연 물이 쌀뜨물인 줄 알고 강가로 내려와 마시고는 진지로 올라갔다. 그리고 그날부터 한 명씩 두 명씩 병들어 허무하게 죽어갔다. 살아남은 병사들도 사기가 떨어져 더 이상 싸우려 하지 않았다. 왕건의 꾀에 빠진 견훤은 별 수 없이 진지를 내주고 후퇴하였다고 한다. 이 공으로 왕건은 아찬으로 승진하였고, 903년에는 수군을 이끌고 전라도로 진출했다고 한다. 이때의 왕건은 궁예가 가장 믿는 부하 장수 중 한 사람이었다.

궁예의 후손들

한편《삼국사기》나《고려사》의 내용대로면 궁예는 후사가 없어야 마땅하다. 부인과 자식을 무자비하게 죽인 인간에게 후사가 있다는 것은 상상할 수도 없다. 정사는 궁예의 후손이 적멸된 듯이 기록하였다. 그런데 궁예의 후손들은 끊어지지 않고 지금까지 이어져 내려오고 있다.

궁예의 후손으로는 순천 김씨와 광주 이씨가 있는데, 그들은 자신들의 족보에 궁예의 후손임을 밝혀놓았다. 파보에 따라 차이가 있지만, 광산 이씨 세보에는 궁예가 23세 조로, 순천 김씨 세보에는 37세 조로 되어 있다. 그리고 순천 김씨 세보에서는 다른 자료와 달리 궁예를 신무왕의 아들이라고 했으며, 궁예의 후손 중 한 파가 광산 이씨가 되었다는 기록도 남겨두었다. 이와 유사한 내용은 영산(영동) 김씨, 광산 김씨의 족보에서도 확인된다. 그리고 최근에 편찬된 순흥 김씨 족보에도 순천 김씨는 청광, 광산 이씨는 신광의 아들이라고 기록된 내용도 있다. 한국사에서 족보의 사료적 가치는 거의 무시되고 있으므로 이를 어떻게 보아야 하느냐는 문제가 있다.

그런데 순천 김씨와 광주 이씨의 족보가 전하는 궁예와의 관련성을 믿는다면 그 동안 밝혀지지 않았던 몇 가지 사실을 알 수 있게 된다. 먼저 궁예의 후손이 지금도 살아 있다는 것인데, 이것은 매우 중요한 사실이다. 궁예의 사적은 그의 포학성 때문에 자칫하면 전설이나 가공의 이야기로 변질될 우려가 있었다. 궁예라는 인물 자체를 부인하는 사람은 없지만 그의 탄생설화는 조작이라고 부인되기도 했다. 그러나 미화되기 쉬운 족보에 궁예와 같은 추악한 인물을 자신의 선조로 등재했다는 것은 궁예의 실존을 증명하는 것이 된다.

또 하나는 궁예에 대한 정사 중심 인식에 대한 비판이다. 정사는 궁예에게 부인이 한 명만 있었던 것으로 상정하고 있다. 당시 결혼은 정략적이 차원에서 이루어진 것이 적지 않다. 왕건의 부인은 29명, 견훤의 밝혀진 부인만 7~8명에 이른다고 한다. 이를 볼 때 궁예도 정략 결혼을 통해 세력 범위를 넓히려고 했을 것임은 분명하다. 궁예의 후손들이 신라 왕가의 성이 아닌 이씨를 쓰게 된 연유도 이 때문인 듯하다. 당시에는 외가의 성을 따르는 것이 흔한 일이었으므로 궁예에게도 강씨 외에도 부인들이 있었을 것이다. 단 족보에 모두 강씨 후손으로 기록되어 있는 것은 아마도 후대 사람들이 자신들의 선조를 정실부인 소생으로 하고자 했기 때문인 듯하다. 그러나 당시에는 정실부인이 따로 존재하지 않았으며, 여러 부인들 가운데서 집안의 우열로 서열이 결정되는 경우가 많았다. 그러므로 이상할 것도 없다.

마지막으로 족보와 관련하여 한 가지만 더 짚고 넘어가도록 하자. 순천 김씨와 광산 이씨는 왜 궁예를 자신들의 선조로 고집해왔을까? 그것은 궁예를 신원할 만한 어떤 확신, 곧 궁예가 정사에서 전하는 것만큼 탐학한 왕이 아니었다는 확신이 있었기에 가능했을 것이다.

이 외에도 궁예의 유족이 여진 완안부로 이주하여 그곳의 시조가 되었다는 주장도 있어 이채롭다. 어떤 연구자는 궁예의 후손들이 여진의 완안부 땅으로 이주했으며, 금나라의 시조 함보의 형인 아고내가 궁예의 동생일 가능성이 짙다고 보고 있다. 그는 아고내의 불교적인 성격이 궁예와 흡사하고, 〈송막기문〉에 "여진 추장은 신라인"이라는 기록이 나온다는 것을 근거로 내세운다. 그리고 《고려사》 예종 10년 정월조의 "어떤 사람은 옛날 고려 평주의 중 금준이 여진에 몰래 들어가 아지고촌에 살았는데 이가 금의 선조이다. 또 어떤 사람은 평주의 중 김행의 아들 극수가 처음 여진 아지고촌에 들어가 여진의 여자와 결혼하여 아들을 낳았다"라는 기록을 근거로 금의 시조 함보가 금준과 같은 인물이라고 하며, 금준이 완안부에 들어가 철의 사용을 널리 보급했다는 논지를 펴고 있다. 이에 대해 당장 평가할 필요를 느끼지는 않는다. 그러나 궁예가 철원을 중심으로 번성한 사실을 볼 때, 이들이 송악 중심의 왕건 군대에게 밀렸다면, 북방으로 퇴로를 잡았으리라고 추정할 수 있다. 더욱이 왕건이 철원을 공격해 왔다면, 해상을 퇴로로 잡을 수는 없었을 것이라는 점에서 궁예를 추종하는 세력의 일부가 갔을 것이라는 점은 고려해 볼 만하다.

그러나 궁예가 죽은 뒤 그의 추종자들이 완안부로 갔을 가능성은 충분하지만, 과연 금의 시조가 되었는지에 대해서는 명쾌하게 설명하기가 곤란하다. 특히 궁예가 집권했을 때 그에게 반기를 들었던 많은 인물들이 주로 북방으로 달아나 완안부와 관련 있는 지역에 거주했다는 점을 생각해볼 때, 궁예의 잔여세력이 북방으로 달아나 어떤 세력들과 제휴할 수 있었을지 의문이다.

궁예 관련 전설과 유물·유적

궁예에 관한 전설은 여기저기 흩어져 있다. 백성들에게 맞아 죽은 왕이 아니라 자신이 건설한 나라를 최후까지 지키다 장렬히 전사했다는 내용도 전하는데, 물론 이것은 어디까지나 전설이다.

그러나 신화와 전설 속에 역사가 있다는 것은 잘 알려진 사실이다. 전설이 허무맹랑한 거짓말만은 아니라는 것은 이미 역사학계에서 널리 입증된 사실이다. 트로이를 발굴한 하인리히 슐리만의 경우가 그 대표적인 예다. 트로이는 호머의 대서사시 〈일리아드〉와 〈오디세이아〉의 무대인데, 오랫동안 전설 속의 도시로만 인식되다가 슐리만의 발굴로 전설이 사실로 바뀌게 되었다. 여기 소개하는 궁예와 관련된 전설도 사실로 바뀌어 개설서나 기타 궁예 연구의 기본적인 자료가 될 수 있을지는 알 수 없지만, 궁예를 이해하는 데는 도움이 될 것이다.

궁예의 도읍지였던 철원과 포천·연천·파주 등지에는 궁예와 관련된 유적지가 상당수 남아 있어서 궁예가 가공의 인물이 아니라 이 땅에 발을 붙이고 살았던 인간이라는 사실을 느끼게 한다.

우선 갑계라는 지명은 궁예가 갑옷을 벗었다는 개천의 이름으로 지금의 갑천이다. 계령은 궁예가 쉬어갔다는 고개다. 이러한 명칭들은 지금도 같은 뜻으로 남아 있다. 성현의 시가 당시 사람들도 이를 궁예의 유적지로 알고 있었음을 보여준다.

> 뭇산이 갑자기 가로 끊어진 곳, 광막한 들에 쓸쓸한 바람이 일어나네.
> 눈은 동주의 길에 가득하고, 구름은 궁예의 성에 낮게 드리웠네.
> 갑계에는 고라니와 사슴이 물을 마시고, 계령에는 잡목이 거칠구나.
> 옛일을 생각하는 마음 끝이 없어라, 감개한 회포에 끼친 정이 많구나.

한탄강과 영평천을 지나 전곡을 지나면 궁예의 최후 결전지라고 전하는 보개산성이 있다. 《대동지지》에는 "보개산 교성은 동북 15리에 있는데, 둘레가 4리이다. 성안에 우물이 있고 삼면이 험준하며 석문이 마주 대한 채 버티고 있다"라고 기록되어 있다. 그리고 《조선보물고적조사자료》에서는 "보개산성은 석축으로 둘레가 8백 칸이며 높이는 1

칸에서 2칸에 이른다. 궁예왕대각대성지라고도 한다"라고 기록되어 있다.

자연지세를 이용하여 높이가 20~30m에 달하는 능선에서 계곡에 이르는 경사면에 쌓은 산성인데, 궁예는 이곳에서 반격을 준비했다고 한다.

성동리산성은 궁예의 세력이 한풀 꺾여 제 부하였던 왕건에게 쫓길 때 하룻밤 만에 쌓은 성이라는 이야기가 전해온다. 또는 백성과 군졸들이 한탄강에서부터 한 줄로 서서 손에서 손으로 돌을 날라 성을 쌓았다는 이야기도 전한다. 전설로 보면 이때까지만 해도 궁예의 세력이 완전히 꺾인 것은 아니었던 것 같다. 그 외에도 궁예가 최후로 패한 후 달아났다는 전설이 깃든 패주골이란 지명도 남아 있고, 궁예가 왕건의 군사들에게 쫓겨 명성산으로 가면서 한탄했다 하여 군탄리라는 지명이 붙은 곳도 있다. 본래 군탄리는 조선시대 중요한 교통로로서 풍전역이 있었는데, 그곳에서 일하던 군졸들이 마시는 술막(주막)을 군역술막이라 했다고 한다. 주막의 다른 이름이 탄막이므로 군역술막의 '군'자와 탄막의 '탄'자를 따서 만든 이름이라는 설명도 있다. 후자가 더 설득력이 있어 보인다.

철원군 갈말읍에 위치한 922.6m의 울음산(명성산)은 궁예의 슬픔을 잘 간직한 전설이 있다. 궁예는 보개산성에서 패하자 자신을 따르던 군졸들과 함께 밤중에 궁성을 빠져나와 지금의 한탄강과 군탄리를 경유하여 명성산에 은거했다고 한다. 이곳에서 진을 치고 재기의 기회를 노린 것이다. 그러나 이곳에서 궁예는 민심이 이반하면서 스스로 역부족임을 절감하여 군사를 해체했는데, 당시 궁예의 심복들이 슬퍼 통곡했다고 한다. 그 후 가끔 날이 흐리면 산중에서 슬픈 울음소리가 들려와

● 국사암 궁예미륵(안성)

명성산鳴聲山 또는 울음산이라 불린다는 것이다. 명성산의 서북 봉우리
인 823m 고지(시루봉)와 계곡, 그리고 좌우 능선을 포함한 포곡식 산성
으로, 성의 둘레는 2km 정도이다. 산성 안에는 대궐터라고 알려진 직경
8m 정도의 원형대지가 있으며, 이곳에서 다수의 기와 조각이 발견되
었다고 한다. 명성산의 꼭대기에는 궁예가 앉아서 도성 공사를 직접 지
휘했다는 궁예바위도 있다. 안성에는 궁예가 활을 쏘았다는 활터가 있
고, 그가 어렸을 때 칠장사에서 살았다는 구전이 있다. 또 궁예미륵이
라고 불려지는 돌미륵이 있다. 조악한 형태의 삼존불이지만 궁예를 통
해 미륵의 이상을 희구했던 민중정서의 단면을 읽을 수 있다.

궁예와의
만남을 끝내며

어떤 이는 나에게 재주가 용타고 한다. 또 다른 이는 나에게 대단하다고 한다. 이 말 속에 약간의 비아냥거림이 섞여 있다는 것을 알고 있다. 궁예에 관한 사료라고 해봐야 몇 줄 안 되는 것을 엿가락 늘이듯이 늘려 내용 없는 글을 지었다는 행간의 뜻을 알기 때문이다. 이런 비난에도 불구하고 궁예에 관해 하고 싶은 말이 더 남아 있기에 여기 마지막으로 몇 마디를 더 붙이려고 한다.

처음 나는 궁예가 재조명되기를 바라며 이 글을 썼다. 그러나 반드시 나의 주장이 옳다고 고집하려는 것은 아니다. 나처럼 생각하는 사람이 있다는 것만으로도 만족하고, 궁예의 모습이 제대로 전달되었으면 하는 바람이었다. 그런데 이렇게 마무리짓고 보니 또 다른 욕심이 생긴다. 궁예 역사를 편력하면서 나름대로 정리한 몇 가지 단상을 정리하고 싶은 생각이다.

나의 첫 번째 주문은 우리 역사를 배운 대로만 보지 말아 달라는 것이다. 과거는 불변이지만, 역사는 바뀐다. 그러므로 바뀌어가는 역사를 받아들이기를 주저하지 말라고 부탁하고 싶다. 그래서 후삼국시대를 여러 영웅들의 적대적 대립만이 아닌 동반자의 시대로 이해해주길 바란다.

두 번째 주문은 궁예의 역사도 바뀌어가므로 종래 인식을 답습하지 않았으면 하는 것이다. 인물을 평가할 때 도덕적 평가도 무시할 순 없으나 그들의 기능이나 역할론 쪽의 평가도 필요하지 않은지 조심스럽게 물어보고 싶다. 그렇다면 궁예에 대한 생각이 바뀌는 것도 그리 어렵지 않을 것이다. 궁예가 남긴 업적 중 골품제를 부인하고 능력 위주의 관인 체제를 구축하려 했던 사실은 일대 혁명이라고 할 수 있는 조치였다. 또 거란에 보검을 하사하는 등 동아시아의 패자를 자부했던 모습에서, 당당하게 국제사회의 리더쉽을 행사하려 했던 궁예 모습을 그릴 수 있기를 바란다.

세 번째 주문은 궁예 몰락과 왕건 건국의 성격에 대한 것이다. 잘라 말하면 궁예는 왕건의 용이주도한 반란에 의하여 몰락하였다. 반란의 명분은 궁예의 포악함이었다고 정사는 기록하고 있으나, 실은 궁예가 고구려주의를 포기하면서 고구려계 호족들의 결탁에 의한 반역으로 왕좌에서 물러나게 된 것이다. 궁예의 이상이었던 마진과 태봉은 바로 고구려계 지역주의로의 흡수 통일이 이루어져 민족사의 새로운 장을 열게 되지만, 왕건의 고려 건국은 지역주의로의 회귀라는 의미도 있다.

네 번째는 주문이라기보다는 하나의 제언이다. 그것은 궁예가 활동했던 시대인 후삼국시대의 명칭에 관한 것이다. 후삼국시대라는 명칭은 신라의 통일을 완전한 곳으로 보았을 때만 성립 가능하다. 왜냐하면

북쪽에는 발해가 존속하고 있었으므로 엄밀히 말하자면 4국시대로 불러야 옳다. 신라의 통일을 완전한 것으로 보지 않는 필자로서는, 이 시대를 후삼국시대라고 부르는 것이 옳다고 생각한다. 그러나 나말려초를 고집하기 보다는 중국이나 일본의 예처럼 전국시대로 부르면 어떨까 생각해본다. 다른 나라의 예를 답습하는 것이 불쾌하다면 이 시대의 실체인 호족을 들어 호족시대라고 하면 어떨까?

이제 마지막으로 궁예의 현재적 의미를 새겨보면서 글을 끝내고자 한다. 이 책을 내면서 이런 질문을 수없이 받았다. 왜 하필 이 시점에서 궁예인가? 그 대답은 간단하다. 현재는 우리에게 도전과 모험을 요구하고 있다. 또 현재 우리의 내적 당면 과제는 통일이다. 이러한 과제와 사명을 가장 잘 실천했던 인물 가운데 하나가 바로 궁예였다고 나는 생각한다. 시기와 환경은 다르지만 현실에 대해 가장 절실하게 고민했고, 실천했던 인물이 바로 궁예였던 것이다. 궁예는 천 년동안 지속되어왔던 신라의 모순을 극복하고자 했다. 신분보다 능력을 우선하고자 했다. 지역주의를 탈피한 통일을 갈구하였다. 마진과 태봉으로 상장되는 이상사회로의 통합을 원했다. 그러나 단지 정권이 지속되지 못했다는 이유 하나만으로 궁예는 너무나 왜곡되어 있다. 우리에게 바르게 다가오지 못하고 있다. 궁예가 오늘도 우리의 테마가 되는 이유가 바로 여기에 있다. 그것이 바로 '슬픈 궁예'인 것이다.